Lektüreschlüssel für Schüler

Bertolt Brecht
Mutter Courage

Von Stefan Schallenberger

Philipp Reclam jun. Stuttgart

Universal-Bibliothek Nr. 15329

Gesamtherstellung: Reclam, Ditzingen
Printed in Germany 2003

ISBN 3-15-015329-8

www.reclam.de

Inhalt

1. Erstinformation zum Werk

Mit *Mutter Courage* schrieb Brecht eines seiner erfolgreichsten Stücke. Das Ende der dreißiger Jahre im skandinavischen Exil entstandene Stück spielt im Krieg und hat den Krieg zum Thema. Mutter Courage, die Hauptfigur, zieht im Dreißigjährigen Krieg als Marketenderin durch die Lande und weiß den Krieg zu ihrem Nutzen auszuschlachten. Gleichzeitig verliert sie nach und nach ihre drei Kinder an den Krieg. Im Gegensatz von Marketenderin und Mutter ist die Ambivalenz des Stückes angedeutet. Mit unterschiedlichsten Verfremdungseffekten führt Brecht die Nutz- und Sinnlosigkeit des dennoch am Leben erhaltenen Krieges vor Augen.

Krieg als Thema

2. Inhalt

Szene 1: Frühjahr 1624 (7–19)

Die Marketenderin Mutter Courage, namentlich Anna Fierling, tritt mit ihrem Wagen auf, der von ihren beiden Söhnen gezogen wird. Sie und ihre Kinder Kattrin, der ältere Sohn Eilif und Fejos begegnen einem Feldwebel und einem Werber, der sich im polnischen Ort Dalarne um die Rekrutierung von Soldaten für den Krieg bemüht.

Die Marketenderin

Mutter Courage stellt im ersten Lied zunächst sich und die Tätigkeit ihrer Familie und damit die Situation einer während des Krieges umherziehenden Händlerin vor. Ihre Herkunft, die ihrer von unterschiedlichen Vätern stammenden Kinder und ihre Lebensgeschichte verdeutlicht sie im Gespräch mit Feldwebel und Werber.

Feldwebel und Werber erheben im zweiten Teil der Szene im Namen des Krieges Anspruch auf die Söhne der Courage, die sich zunächst wortgewandt und geschickt weigert, dann aber über die von ihr selbst angeregte Auslosung bereit zu sein scheint, sich in das vermeintliche Schicksal und das ihrer Kinder zu fügen. Der Antagonismus von Krieg und Leid und Krieg als Existenzbedingung der reisenden Händlerin ist mehr als angedeutet, wenn Mutter Courage, nachdem ihre Kinder den Tod gezogen haben, zum Alltagsgeschäft übergeht und dem Feldwebel eine Schnalle verkauft. Die antagonistische Grundbedingung des Krieges, unter denen die Menschen und sogar die eigenen Kinder zum Handelsgut werden können, wird mit

Krieg als Existenzbedingung

den Worten des Feldwebels vorwurfsvoll auf den Punkt gebracht: »Du willst vom Krieg leben, aber dich und die Deinen willst du draußen halten, wie? […] Will vom Krieg leben / Wird ihm wohl müssen auch was geben« (19).

Die Szene endet ähnlich, wie sie begann. Die veränderten Bedingungen – Sohn Eilif zieht in den Krieg – sind deutlich: »Die beiden, Bruder und Schwester, spannen sich vor den Wagen und ziehen an. […] Der Wagen rollt weiter« (19).

Szene 2: 1625/26 (20–28)

Zwei Jahre später begegnet die Händlerin dem Publikum wiederum in einer Alltagssituation. In Polen trifft sie auf einen Feldhauptmann, den Feldkoch und ihren nunmehr kriegsgeschulten Sohn: »Große Tage des kühnen Sohnes« (20).

Mutter Courage handelt mit dem Koch um den Kapaun als Nahrungsmittel. Essen wird zubereitet. Die Kriegssituation wird mit der Belagerung einer Stadt vorgestellt. Sinn und Zweck der Belagerung erscheinen als widersinnig, wenn deutlich wird, dass nicht nur die Belagerten, sondern auch die Belagerer selber in gleicher Weise hungern. Selbst die Bauern der Umgebung »sind ruiniert … […] Sie nagen am Hungertuch« (21). Sohn Eilif wird jedoch vom Feldhauptmann ob seiner »Heldentat […] als frommer Streiter, und für Gott« gelobt, der Krieg wird als Glaubenskrieg ausgegeben, in dem die Belagerer gekommen sind, um »Seelen zu retten« (22).

Elend und Heldentum

Der Verrat am Sohn wird über die Verbindung von Krieg und täglicher Nahrung als Lebensgrundlage wieder versöhnt: »Ich sag einen Gulden. Für meinen Ältesten, den lieben Gast vom Herrn Feldhauptmann, ist mir nichts zu teuer« (23). Sohn Eilif kann von einer Heldentat berichten, die darin besteht, dass der nahrungssuchende Soldat mit in der Kriegsschule erworbener List und Intrige den Bauern, die dies mit dem Leben bezahlen, Ochsen abnimmt. Das gemeinsame Essen, in dessen Mittelpunkt der Krieg als Möglichkeit heroischer Taten steht, beschließt die Szene.

Szene 3: 1628/29 (29–54)

Marktplatz
Krieg

Die längere Szene 3 führt Mutter Courage zunächst als Händlerin vor, die gut auf dem durch den Krieg bestimmten Markt mit seinen Tücken orientiert ist. Neben dem inzwischen Zahlmeister gewordenen jüngeren Sohn begegnet dem Zuschauer die Hure Yvette Pottier, der ihr Mann, der Koch Lamb, in Flandern abhanden gekommen ist und die mit dem Obristen eine nahe Beziehung pflegt. Ein Gespräch zwischen dem Koch und dem Feldprediger klärt über den Krieg als Glaubenskrieg und als Ursache für Hunger und Durst auf. Andeutungen auf den Hintergrund des Dreißigjährigen Krieges ergeben ein komplexeres Bild vom Krieg, das wiederum in den detailreichen Lebensalltag mündet.

Mit dem Herannahen der katholischen Truppen versucht man, sich den neuen Bedingungen anzupassen. Verräterisches verschwindet, so die vom jüngeren Sohn der Courage verwaltete Regimentskasse oder die Regimentsfahne auf dem Wagen der Courage. Kattrins Gesicht wird als Schutz vor Gewalt mit Asche eingerieben. Auch in der Kriegsgefangenschaft steht das alltägliche Wohlergehen im Vordergrund: »Wir sind gefangen, aber so wie die Laus im Pelz« (40). Der Opportunismus der Courage wird deutlich: »Ich geh jetzt mit dem Feldprediger eine katholische Fahne kaufen« (41).

Fejos' Tod

Sohn Fejos, auch Schweizerkas genannt, wird auf der Flucht mit der Soldschatulle ergriffen. Sohn und Mutter nebst ihren Gefährten wollen sich zur Rettung der Courage nicht kennen. Fejos wird abgeführt, sein drohender Hinrichtungstod könnte durch Geld aufgewogen werden. Mutter Courages Überlegungen, ihren Wagen und damit ihre Existenzgrundlage um des Lebens ihres Sohnes willen an Yvette zu verpfänden oder zu verkaufen, sind zögerlich. Nach längerem Hin und Her stirbt Schweizerkas. »Jetzt haben Sies geschafft mitn Handel und daß Sie ihren Wagen behalten. Elf Kugeln hat er gekriegt, sonst nix« (53). Die Szene endet damit, dass Mutter Courage angesichts einer Leiche ihren Sohn nochmals verleugnet, um sich und ihre Kinder zu retten.

Szene 4 (55–60)

Mutter Courage, ein junger und ein älterer Soldat warten auf den Rittmeister, um Geld von ihm zu erhalten. Sie wegen ihres zerfetzten Wageninventars, der junge Soldat wegen eines Trinkgeldes für die Rettung des Gauls vom Obristen: »Ich hab was Besonderes gemacht und will mein Trinkgeld haben« (56). Im Gespräch zwischen den Soldaten und Mutter Courage wird wiederum die zerstörerische Kraft des Krieges, der Hunger und Elend hinterlässt, vorgeführt. Mutter Courage singt das Lied von der großen Kapitula-

Die »große Kapitulation«

tion, in dem sie ihre Herkunft, ihre Lebensvorstellungen und vom Leben abgeforderten Grundsätze, teils in Sprichwörtern, reflektiert. Beim späten Erscheinen des Rittmeisters verzichten beide nunmehr auf ihre Forderungen.

Szene 5: 1631 (61–63)

Mutter Händlerin

Das Wirtsgeschäft der Mutter Courage läuft, während rundherum unfassbares Elend herrscht. Im zerschossenen Dorf bluten Bauern, die ihren Hof nicht haben verlassen wollen. Mutter Courage ist kaum bereit, Hemden, mit denen sie handelt, als Verbandsstoff herzugeben. Sowohl Kattrin als auch der Feldprediger kümmern sich um einen blutenden Säugling und die anderen offensichtlich Elenden: »Aasens nicht mit meinem teuren Leinen!« (63).

Szene 6: 1632 (64–74)

Geld und Heldentum

Mutter Courage und der Feldprediger unterhalten sich anlässlich des Todes des Feldhauptmannes Tilly über Motive der Soldaten und Feldmänner, in den Krieg zu ziehen. Sie entdecken angesichts der »hohen Leich« (65) Geld als Motor des Kriegsgeschäftes. Auch die Eitelkeit des Helden, im Standbild (65) verewigt zu werden, wird als mögliches Motiv erwähnt. Schließlich weist der Feldwebel darauf hin, dass die Masse der Soldaten den Krieg stützt und trägt: »die Soldaten. Die tun, was sie können«, und: »Helden gibts immer« (66). Mit dem Tod des Feldherren Tilly stellt Mutter Courage auch die Frage nach der weiteren Dauer des Krieges, die für sie wegen ihrer Geschäfte wichtig ist: »Sie, ich frag Sie das nicht nur aus Hetz, sondern weil ich mir überleg, ob ich Vorräte einkaufen soll, was grad billig zu haben sind, aber wenn der Krieg ausgeht, kann ich sie dann wegschmeißen« (66). »Sei vernünftig, der Krieg geht noch ein bissel weiter, und wir machen noch ein bissel Geld, da wird der Friede um so schöner« (68). Als grotesk verkehrt erscheinen die Überlegungen des Feldpredigers zum dauernden, fortwährenden Krieg, der das Ideal des Krieges dennoch nie erreiche. Deutlich wird, dass die Kriegslogik im Lebensalltag inzwischen elementar verankert ist.

Sinnlosigkeit des Krieges

Der Alltag des Soldaten spielt sich zwischen Schnaps, dem Bewusstsein des eigenen Todes für den Kaiser, Straßengraben, Stürmen, Kartenspielen, Verletzung und Verstümmelung, weiterem Gemetzel und der sinnlosen Fortsetzung des einmal in Gang Gesetzten ab.

Für die Welt des Krieges konstatiert Anna Fierling nur, dass es Courage benötige, dass »die armen Leut […] Kinder in die Welt setzen […], denn sie haben keine Aussicht« (69). In nüchterner Klarheit verdeutlicht Mutter Courage angesichts der Lage die elementaren Lebensbedürfnisse, die es zu erfüllen gelte: »Auch Sie sind ein Mensch und brauchen Wärme. / Wir kriegen das Zelt am besten warm, wenn wir genug Brennholz haben« (71).

Die in dieser Szene unmissverständlichen persönlichen Annäherungsversuche des Feldpredigers weist die Courage zurück. Kattrin erhält die Hurenschuhe der Pottier. Die Szene schließt mit Kanonendonner, Tilly ist begraben, Mutter Courage wird sich ihrer verlorenen Kinder bewusst: »Der Krieg soll verflucht sein« (74).

Szene 7 (75–76)

Kriegs-karrierismus

Die kurze Szene ist treffend überschrieben: »Mutter Courage auf dem Höhepunkt ihrer geschäftlichen Laufbahn« (75). Sie fasst die positiven Seiten des Krieges zusammen und formuliert im Lied die Lebensphilosophie der Marketenderin.

Szene 8 (1632) (77–89)

Unsicherer Frieden

Nach dem Tod des Schwedenkönigs Gustav Adolf wird die Friedensverkündung von Protestanten in die nahe gelegene Stadt getragen. Mutter Courage sorgt sich um ihren Warenüberschuss, der im Frieden Ruin bedeute, hofft auf ein Wiedersehen mit Eilif und will in Erinnerung an Schweizerkas in die Kirche gehen. Lamb, der des Kriegsdienstes überdrüssige Koch, trifft die befreundete Mutter Courage. Er setzt sich mit dem Feldprediger vorwurfsvoll über dessen Vorschläge zur Vorräteverwaltung der Courage auseinander, die sich angesichts des eingetretenen (kurzen) Friedens als falsch erwiesen haben. Yvette tritt als Obristin Starhemberg auf. Die Unterhaltung dreht sich um ehemalige Liebschaften. Eilif wird nach einem Raub bei Bauern (»Die Frau ist hin«, 86) mit gefesselten Händen vorgeführt und zur Stadt weggebracht. Die Nachricht vom wieder aufgenommenen Krieg löst die Unklarheit der Friedenssituation auf, der Aufbruch sorgt für klare Handlungsmuster, die Bühne ist von der Geschäftigkeit des Aufbruchs bestimmt. Das Lied der Mutter Courage beschließt die Szene.

Szene 9 (1634) (90–97)

Die Szenenanweisung führt in die durch Tod, Zerstörung und Mangel geprägte Situation »abseits der Heerstraße, auf der die schwedischen Heere ziehen« (90), ein. Der Brief der Mutter des Kochs vermittelt über das Schicksal der Courage und der sie Begleitenden hinaus weitere Eindrücke vom Lebensalltag im Krieg. Angesichts der Möglichkeiten des Kochs und der schwierigen Situation der Marketenderin überlegt Mutter Courage mit ihm, ob sie in Utrecht ein Wirtshaus aufmachen könnten. Doch Mutter Courage würde nicht ohne Kattrin ziehen und der Wirt will Kattrin, »stumm und die Narb dazu!« (92), nicht, so dass sich der Plan zerschlägt. Beide ziehen mit ihrem Wagen weiter. Das »Lied von Salomon, Julius Cäsar und andere große Geister« (93) strengt den Vergleich zwischen den Haltungen der Großen und den Bemühungen der Umherziehenden an.

Alternativen?

Szene 10 (1635) (98)

Auf ihrem Weg auf der Landstraße hören Mutter Courage und Kattrin eine Stimme aus einem Bauernhaus, die ein Lied singt. Das Lied macht den Schutz von Garten und Haus zum Thema.

»Haus und Hof«

Szene 11 (1636) (99–105)

Die evangelische Stadt Halle ist von kaiserlichen Truppen bedroht. Ein Fähnrich und drei Soldaten bedrohen die Bauern, um den Weg zur Stadt zu finden, was ihnen auch gelingt, nachdem die Drohung gegen das Leben der Bauern durch die Drohung gegen ihr Vieh ersetzt wird. Kattrin, die sich mit Courage und dem Wagen dort aufhält, flüchtet sich aufs Hausdach und trommelt, so laut sie kann, um die Bewohner von Halle zu warnen. Die Bauern schlagen sich, nach erstem Zögern und trotz ihrer Angst, auf ihre Seite. Den Soldaten gelingt es viel später, Kattrin anzuschießen.

Kattrin

Szene 12 (106–108)

Mutter Courage singt am Sterbebett ihrer Tochter ein Kinderlied. Unterstützt von Bauern macht sie sich nunmehr alleine in der Begleitung eines Regimentes auf den weiteren Weg. Die Soldaten singen das Lied vom Krieg.

Tod der Tochter

3. Personen

Der Werber. Zusammen mit dem Feldwebel bestimmt der Werber, der nur in der Eingangsszene auftritt, den ersten Eindruck des soldatischen Lebens: Männer sind gefragt, getrunken wird, Zucht soll herrschen und, so die Maxime beider, Krieg bedeute Ordnung, »Ohne Ordnung kein Krieg!« (8), und Ordnung bestimmt sich durch Zählen, »Listen und Registraturen« (8). Der so vorgetragenen Kriegsmoral, ergänzt um Gewinn- und Ruhmesstreben (12), entspricht der Werber mit einem Ehrbegriff, der ihn die Sache mit Eilif »unter uns Männern« (12) im Feld austragen lässt. Ansonsten beschränkt er sich auf seine Aufgabe, nämlich Männer fürs Kriegsgeschäft zu gewinnen.

Männer im Krieg

Der Feldwebel. Mit dem bereits angesprochenen pragmatischen Kriegsverständnis – Zählen und Ordung schaffen hin bis zum anständigen Tod im Feld (13) (»Soldat ist nicht das Schlechteste«, 19) – und der entsprechenden Kriegsmoral, die Krieg nachgerade fordert, freilich ohne dass die eigene Haut riskiert würde (»Ich halt mich immer hinten«, 17), gibt sich der Feldwebel ähnlich wie der Werber, allerdings in der Manier des ranghöheren Vorgesetzten. Bei allem vorhergetragenen Heroismus, wie er sich auch bei der Kontrolle der Courage zeigt, scheint er sich bestens durchzumogeln und entlarvt damit das individuelle Streben nach Vorteilen, das sich hinter der Teilnahme aller am Kriegshandwerk geschickt zu verbergen weiß: »Ich verstehs nicht. Immer halt ich mich dahint. Einen sichereren Platz, als wenn du Feldwebel bist,

Rangordnungen

gibts nicht. Da kannst du die andern vorschicken, daß sie sich Ruhm erwerben« (18). Auch er tritt nur in der Eingangsszene auf und vermittelt in seiner Widersprüchlichkeit erste Eindrücke vom widersinnigen Kriegsgeschäft.

Mutter Courage. Mutter Courage alias Anna Fierling, Mutter dreier Kinder: Eilif Nojocki, Fejos/Schweizerkas und der stummen Kattrin Haupt (10f.), aus Bamberg stammend (12), lässt sich als Hauptfigur am besten unter verschiedenen Aspekten beschreiben. Sowohl innerhalb dieser einzelnen Aspekte als auch zwischen ihnen sind **Widersprüchlichkeiten** nicht nur unvermeidlich, sondern geradezu **konstitutiv** für das Weltverständnis, das durch Courage vorgeführt wird. Diese Widersprüchlichkeiten mischen die Ansichten über Krieg auf und entlarven die unterschiedlichen Bestrebungen als insgesamt zwar miteinander verwoben, in pragmatischer Hinsicht für das Überleben in Kriegszeiten typisch und unter den Prämissen des Marketendertums vielleicht unabdingbar, aber eigentlich sinnlos.

Aspekte der Mutterfigur

Sie ist die wirtschaftende Mutter. Während des Krieges bringt sie sich und die ihren mit ihrem Handel durch und ist jederzeit um kein Wortgefecht in der Sache verlegen. Ihren Namen Courage (Mut) hat sie, wie in der ersten Szene beschrieben, erhalten, weil sie fürs Brot im Wagen ihr Leben riskierte (9). Ihr Handelsgedanke entspringt durchaus praktischen Beweggründen: »Der Werber: Im Lager da brauchen wir Zucht. Mutter Courage: Ich dacht Würst« (10). Ähnlich antithetisch zeigt sich der pragmatische Grundgedanke als notwendiger Materialismus des nackten Überlebens auch im fol-

Pragmatismus

genden Zitat: »Ich hab aber keine Seel. Dagegen brauch ich Brennholz« (69). Jederzeit ist und bleibt sie geschäftsbereit. »Und jetzt fahrn wir weiter, es ist nicht alle Tag Krieg, ich muß mich tummeln« (15), kennt dabei aber auch ihre Grenzen. »Heeresgut nehm ich nicht. Nicht für den Preis« (29). Die Marktgesetze haben für sie übernaturgesetzlichen Charakter, »nix muß kommen, wie man denkt, nicht einmal die Jahreszeiten. Aber deine Regimentskass muß stimmen, wies auch kommt. Stimmt deine Kass?« (30). Doch auch dabei sind Widersprüchlichkeiten unvermeidlich, so wenn es ums nackte Überleben geht. »Schweizerkas: Die Regimentskass. Mutter Courage: Wirf sie weg! Es hat sich ausgezahlmeistert« (38).

Klar erkennt sie Zusammenhänge zwischen dem Krieg und (ihren) Handelsmöglichkeiten. »Aber wenn man genauer hinsieht, sinds nicht so blöd, sondern führn die Krieg für Gewinn. Und anders würden die kleinen Leut wie ich auch nicht mitmachen« (36). Pragmatischer Opportunismus ist geradezu Grundbedingung des Handeltreibenden. »Ein Händler wird nicht nach dem Glauben gefragt, sondern nach dem Preis« (41), zumal im Krieg. »Sagen Sie mir nicht, daß Friede ausgebrochen ist, wo ich eben neue Vorräte eingekauft hab« (77). So schädigt sie der für kurze Zeit ausgebrochene Frieden einerseits, denn er macht ihre Geschäfte – zumal angesichts neuer Ware – zunächst zunichte, wie sie andererseits über das Ende des Krieges erleichtert wirkt. »Ich hab nix fürn Krieg übrig, und er hat wenig genug für mich übrig« (82).

Die Grundhaltung der wirtschaftenden Mutter führt sie wiederholt in Widersprüchlichkeiten, so wenn sie erst nach der Bedrohung durch ihre Tochter und der Initiative des Feldpredigers bereit ist, ihr teures Hemdleinen zur

Rettung schwer Verwundeter zur Verfügung zu stellen (Szene 5, 61 ff.). Gelegentlich muss sie sich selber Mut zur Grundhaltung der wirtschaftenden Mutter machen, um ihre Stärke wiederzugewinnen, so im Lied der siebten Szene »auf der Höhe ihrer wirtschaftlichen Laufbahn«: »Der Krieg ist nix als die Geschäfte« (75). Grundtenor bleibt, wie im Lied am Ende der achten Szene von Mutter Courage gesungen wird: »Der Krieg wird seinen Mann ernähren!« (89).

Mutterliebe

Sie ist die liebende Mutter. Sie weiß um die Unterschiedlichkeit ihrer Kinder, liebt sie aber alle. »Er [Eilif] ist mein kühner und kluger Sohn. Ich hab noch einen dummen, der aber redlich ist. Die Tochter ist nix« (23). Unter Androhung von Gewalt (13) versucht sie, ihre Kinder vor dem Zugriff des Militärs zu schützen: »Nicht zu machen, Feldwebel. Meine Kinder sind nicht für das Kriegshandwerk« (12) und: »Aber wie soll Krieg sein, wenn es keine Soldaten gibt? Mutter Courage: Das müssen nicht meine sein« (13). Schließlich ist sie froh, wenn es die Kinder nicht ganz so hart trifft: »Der Schweizerkas ist Zahlmeister beim Zweiten geworden; da kommt er mir wenigstens nicht ins Gefecht, ganz konnt ich ihn nicht heraushalten« (27) oder wenn sie für deren Schutz sorgen kann. »Und gib auf deine Schwester acht, sie hats nötig« (42). Selbstverständlich und liebevoll verbindet sie die Kattrin, nachdem sie überfallen wurde (72). Umgekehrt leidet sie unter ihren Verlusten. »Mir ist ein historischer Augenblick, daß sie meiner Tochter übers Aug geschlagen haben. […] Den Schweizerkas seh ich nicht mehr, und wo der Eilif ist, das weiß Gott. Der Krieg soll verflucht sein« (74). Anlässlich des ersten Anscheins von Frieden formuliert sie: »Wir gehen in Gottesdienst. Das sind wir dem Schweizerkas schuldig« und: »Ich bin froh übern Frieden, wenn ich auch ruiniert bin. Wenigstens zwei von den Kindern hätt ich also durchgebracht durch den Krieg. Jetzt werd ich meinen Eilif wiedersehen« (78).

Sie ist die schicksalsergebene Mutter. Und mischt als solche die das Todesschicksal verkündenden Zettel, »Wie wir alle gemischt sind, von Mutterleib an« (15). Freilich zeigt sie die Widersprüchlichkeit zwischen Schicksalsergebenheit und Mutterliebe deutlich (16f.).

Kriegsschicksal

Sie ist die Ratschläge gebende Mutter. Und als solche erfahren im Rückblick und weise vorausblickend. Durch ihr Umherziehen hat sie viele Ansichten des Krieges kennen gelernt und weiß davon in eingestreuten Bemerkungen zu berichten. »Ich hab welche gesehn, die graben die Wurzeln aus vor Hunger, die schlecken sich die Finger nach einem gekochten Lederrriemen. So steht es« (21). Aus diesen Lebenserfahrungen schöpft sie umsichtig für weitsichtige Ratschläge. »Der Feldwebel: Ich war mit siebzehn dabei. Mutter Courage: Du bist noch nicht siebzig« (14).

Lebenserfahrung

Ihre Grundhaltung lässt sich als kritisch-skeptisch beschreiben. Sie lässt sich nichts vormachen und bringt die Dinge aus ihrer Sicht auf den Punkt. »Überhaupt, wenn es wo so große Tugenden gibt, das beweist, daß da etwas faul ist« (25). Als umsichtige Mutter weiß sie um ihre aus Erfahrung erwachsene Einsicht und Lebensweisheit »Ach, bitter bereut, wer des Weisen Rat scheut! / Sagte das Weib den Soldaten« (27). Dabei ist sie weder verlegen um Ratschläge in Sachen Liebe (33) noch um Einschätzungen der politischen Lage (35, 64ff.) oder in Fragen der Religion (40).

Kritischer Realismus

Sich-durchschlagen-Können

Im doppelten Sinne erhebt sie mit Courage ihre eigene Lebenshaltung, die des Sich-durchschlagen-Könnens und des Mut-Habens, des ›Dennoch‹ angesichts widriger Umstände, zur notwendigen Lebensmaxime. »Die armen Leut brauchen Courage. Warum, sie sind verloren« (69).

Gerechtigkeit

Allerdings kennt sie auch Ratlosigkeit und ausweglose Situationen hin zum Verzagen. »Wie lang vertragen Sie keine Ungerechtigkeit? Eine Stund oder zwei? Sehen Sie, das haben Sie nicht gefragt, obwohls die Hauptsach ist« (57). Diese Lebenserfahrungen kulminieren im Lied von der großen Kapitulation (58ff.), das von Anpassungen an eigentlich nicht gewollt hingenommene Lebensumstände handelt.

Ohnmacht und Handel

Hilflos, verzweifelt und der Wirklichkeit eher entrückt wirkt sie schließlich angesichts des Todes ihrer Tochter, als sie von der Bäuerin zurechtgewiesen wird: »Sie schlaft nicht, Sie müssens einsehen, sie ist hinüber« und fasst sich kurz darauf wieder im ›Handeln‹: »Hoffentlich zieh ich den Wagen allein. [...] Ich muß wieder in'n Handel kommen« (107).

Entwürfe

Sie ist die fürsorgend planende Mutter, wie sich angesichts ihrer Überlegungen mit dem Koch zeigt, gemeinsam ein Wirtshaus in Utrecht zu führen (Szene 9). Bedächtig reflektiert sie die Möglichkeiten alternativen, sesshaften und leidlich lukrativen Lebenswandels und weist das Angebot des Kochs erst zurück, als dieser die Tochter Kattrin vom gemeinsamen Plan ausschließen will. »Ich hab ihm gesagt, daß nix wird aus Utrecht, seinem dreckigen Wirtshaus, was solln wir dort? Du und ich, wir passen in kein Wirtshaus. In dem Krieg ist noch allerhand für uns drin« (96).

Sie ist die gerissene Mutter und stellt z. B. ihre Kinder als halbwüchsige Kinder vor, wenn es darum geht, Soldat zu werden (10).

Als hadernde Mutter wird sie, die aus Gerissenheit Schweizerkas als ihren Sohn verleugnet (44), in unausweichliche Schwierigkeiten geführt, die sich angesichts dessen drohenden Todes auf die widersprüchlichen beiden Motive Kinderliebe gegen Geschäftsinteresse/Existenzgrundlage zuspitzen (47 ff.).

Aporien

Sie ist die Mutter, der Macht eine vertraute Größe ist, die dementsprechend zu differenzieren weiß und sich mit den ihr zuträglichen Personen umgibt. Das zeigt sich, als sie den Feldwebel warnt: »Der Leutnant ist ein Freier meiner Tochter« (13). Das zeigt sich auch, wenn sie zwischen Uniformen unterscheidet: »Nein, herein kommt ihr mir nicht mit euren Dreckstiefeln in mein Zelt! Ihr könnt draußen trinken, Regen hin, Regen her. […] Ich laß nur die Chargen herein« (65).

Lebensklugheit

Über die Beziehung zu ihren Kindern hinaus lässt sie, wiederum pragmatisch motiviert, keine nahe Beziehung zu und weist den Feldprediger zurück. »Der Feldprediger: Im Ernst, Courage, ich frag mich mitunter, wie es wär, wenn wir unsere Beziehung ein wenig enger gestalten würden. […] Mutter Courage: Ich denk, sie ist eng genug. Ich koche Ihnens Essen, und Sie betätigen sich und machen zum Beispiel Brennholz. […] Auf was ich aus bin, ist, mich und meine Kinder durchbringen mit meinem Wagen. […] Hacken Sie uns das Brennholz, dann haben wir abends warm, das ist schon viel in diesen Zeiten« (71 f.).

Die ihr vom Koch angetragene Freundschaft wird von ihr geschäftstüchtig auf dem Hintergrund der Frage nach dem ausgezahlten Sold pariert: »Das heißt, Sie haben nix« (81). Lediglich der Yvette gegenüber verhält sie sich bei ihrer Wiederbegegnung unverstellt freundschaftlich (84), wenngleich sie sie in ihre Geschäfte einbezieht: »Vielleicht hilfst du mir beim Regiment mit deine Verbindungen« (85).

Der ältere Sohn. Eilif Nojocki, Kind eines Franzosen und der Courage, aber vaterlos lebend (10f.), entwickelt sich schnell vom für die Familie einstehenden Sohn (12) zum eitlen, mutigen und heldenhaften Soldaten, der auch nicht davor zurückschreckt, heimtückisch anderen Leid zuzufügen (24). »Bauernschinden macht hungrig« (22). Eilif ist als kriegsbegeisterter Soldat anfällig für das Lob auf Heldentaten und Auszeichnungen (28), wie sich beim freudigen Wiedersehen mit seiner Mutter offenbart (27).

Der Held

Sein letzter Auftritt (im Mittelteil des Stückes ist er nicht zu sehen) führt ihn in Szene 8 als Gefesselten auf die Bühne und offenbart die nicht nur rechtlichen, sondern auch moralischen Widersprüchlichkeiten des entfesselten Krieges hin zur Anarchie. »Der Feldprediger: Was hat er angestellt? Der Soldat: Bei einem Bauern ist er eingebrochen. Die Frau ist hin. Der Feldprediger: Wie hast du das machen können? Eilif: Ich hab nix andres gemacht als vorher auch. Der Koch: Aber im Frieden« (86f.). Die Begegnung mit der Mutter in dieser Situation bleibt missverständlich, sie beharrt auf ihren vergangenheitsgesättigten Erwartungshaltungen an ihren Sohn, die sie sich selber bestätigt (88). Sein Schicksal nach diesem Auftritt bleibt ungewiss.

Der jüngere Sohn. Der Vater von Fejos, als Schweizer auch Schweizerkas genannt, war Festungsbaumeister (11).

Zusammen mit seinem Bruder Eilif zeigt Fejos sich zunächst eingespannt in den Wagen der Courage. »Ihr solltet lieber Jakob Ochs und Esau Ochs heißen, weil ihr doch den Wagen zieht« (12). Als der redliche Sohn der Courage (16) wird er späterhin Zahlmeister, hält jedoch von Beginn an sein Los als sein Schicksal bewusst: »Mich triffts auch. Aber ich laß mirs gesagt sein« (17). Als Zahlmeister werden seine Eigenschaften von Redlichkeit, aber auch Einfalt – im Gegensatz zur Kühnheit seines Bruders – nochmals von der Courage herausgestellt (30), bevor sie deren in geänderter Situation, in der Schweizerkas unbedingte Gewissenhaftigkeit im Umgang mit der Regimentskasse vorführt (42f.), als unangemessen nahezu überdrüssig wird (41). Der wegen der Regimentskasse verfolgte Schweizerkas gerät schließlich in die Hände des Feldwebels. »Es ist auf Leben und Tod« (47). Zögernd erwägt die Courage, Geld – das Geld der Regimentskasse, deren Verbleib unklar ist – oder aber durch den Verkauf ihrer Lebensgrundlage, des Wagens, aufzubieten, um Schweizerkas zu retten, doch die rechnerischen Unterfangen kommen zu spät. Schweizerkas wird in Szene 3 erschossen.

Redlichkeit und Einfalt

Die Tochter. Die in der dritten Szene fünfundzwanzigjährige (52) Kattrin Haupt, »eine halbe Deutsche« (11), ist stumm, sei als solche unschuldig (18), und habe, so die Courage, ein gutes Herz (17). »Die leidet am Mitleid« (93). Auch sie zieht das (gefälschte) Los der Kinder, im Krieg umzukommen (17), bleibt aber bei der Mutter und hilft der Marketenderin, eingangs von Szene 3 z.B. beim Wäschefalten (29), oder sie ahmt, wie gegen Ende dieser Szene, Yvette

Gutmütige Schlichtheit

nach mit deren Hut auf dem Kopf (36). »Mutter Courage: […] Was machst denn du mit dem Hurenhut? Willst du gleich den Deckel abnehmen, du bist wohl übergeschnappt? Jetzt, wo der Feind kommt? *Sie reißt Kattrin den Hut vom Kopf.* Sollen sie dich entdecken und zur Hur machen? Und die Schuh hat sie sich angezogen, diese Babylonische! Herunter mit die Schuh!« (37f.). Wenig später wird die Mutter ihr zum Schutz das Gesicht mit Asche einreiben (38): »Nicht schlecht. Wie wenn du im Dreck gewühlt hättest« (39).

stumm!

Ihre Stummheit wird von Courage gelegentlich ins Gute gewendet: »Sei froh, daß du stumm bist, da widersprichst du dir nie oder willst dir nie die Zunge abbeißen, weil du die Wahrheit gesagt hast, das ist ein Gottesgeschenk, Stummsein« (33). Dennoch bedeutet sie ihr eigentliches Handicap. »Mutter Courage: Wenn ich wüßt, wie es in ihrem Kopf ausschaut! Einmal ist sie eine Nacht ausgeblieben, nur einmal in all die Jahr. Danach ist sie herumgegangen wie vorher, hat aber stärker gearbeitet. Ich konnt nicht herausbringen, was sie erlebt hat« (73).

Dabei ist Kattrin sehr umsichtig und am Wohl ihrer Familie interessiert, so wenn sie zusammenschreckt, als der Feldwebel Schweizerkas entdeckt. »*Sie versucht alles, ihn auf die Gefahr aufmerksam zu machen, er wehrt sie nur ab*« (43). Schweizerkas ist unzugänglich, er sieht sie ob ihres Stummseins als »armes Tier« (43) an. Ihre selbstlosen Aktionen setzen sich fort, so wenn sie gegen ihre Mutter angeht, die nicht bereit ist, Hemden zur Versorgung Verletzter herzugeben, »*Kattrin hebt, Gurgellaute ausstoßend, eine Holzplanke auf und bedroht ihre Mutter damit*« (62), oder wenn sie in der-

Selbstlosigkeit

selben Situation ins Trümmerhaus rennt, um ein Kind zu retten. Dafür erntet sie Undank. »Hast du glücklich wieder einen Säugling gefunden zum Herumschleppen« (63). Die Perspektive der Courage, ihre Tochter im Frieden zu verheiraten (68), die durch Hinweise auf die Aussteuer (69) angedeutet wird, vereitelt nicht nur der fortgesetzte Krieg, sondern auch ein Überfall, bei dem das Gesicht der Kattrin entstellt wird (72). »Mutter Courage: Eine Narb wird bleiben. Auf den Frieden muß die nimmer warten« (73). Nachdem Kattrin das Gespräch ihrer Mutter mit dem Koch belauscht hat, will sie davongehen, um deren Pläne zu ermöglichen, wird aber von der Mutter zurückgehalten (96).

Ihre eigentliche Heldentat vollbringt Kattrin, als sie trotz Lebensbedrohung durch Fähnrich und Soldaten über das schlichte und ohnmächtige Gebet der Bauersleute hinausgeht, sich eine Trommel greift, um vom Dach des Bauernhauses die Bewohner der nahen Stadt Halle, in der sich die Courage aufhält, lautstark, hartnäckig und erfolgreich vor dem drohenden Überfall zu warnen. Sie wird angeschossen und stirbt in den Armen ihrer Mutter. »*Kattrin hat während des Trommelns wieder zugehört. Jetzt lacht sie.* Der Fähnrich: Sie lacht uns aus, schau. Ich halts nicht aus. Ich schieß sie herunter, und wenn alles hin ist. Holt die Kugelbüchs! *Zwei Soldaten laufen weg. Kattrin trommelt weiter*« (104).

Das Trommeln

Der wiederholt als »armes Tier« (101) oder »Vieh« (104) angesprochene »Krüppel« (101), der raue Laute ausstößt (18), entpuppt sich so im Laufe der Handlung als Träger eigentlicher und jenseits anderer Interessen am Krieg oder am Geschäft liegender unverstellter und selbstloser, auch von Mutterinstinkten bestimmter Menschlichkeit, jedenfalls einer Haltung

Menschlichkeit

gänzlich jenseits der vor allem von Mutter Courage vorgeführten merkantilen Grundeinstellung.

Der Koch. Pieter Lamb (Spitzname: Pfeifenpieter) ist zu Beginn der zweiten Szene Gesprächspartner der Courage, feilscht mit ihr über den Preis eines Kapauns und unterhält sich mit ihr über die eingeschränkten Verpflegungsmöglichkeiten von Belagerern und Belagerten. Nahezu satirisch verdeutlicht sich im Gespräch die prekäre Kriegssituation. »Mutter Courage: Braten Sies nur. Das ist vom vorigen Jahr. Der Koch: Das ist von gestern abend, da ist der Ochs noch herumgelaufen, ich hab ihn persönlich gesehn. Mutter Courage: Dann muß er schon bei Lebzeiten gestunken haben« (21). Nebenbei lässt Lamb seine Ansichten über den Krieg und die Politik einfließen (25, 34, 35f.).

Aufgaben im Krieg

»Wenn ich nix bin, bin ich solid. Prost!« (80), sagt er und entwickelt seine Gedanken gegenüber der Courage, die er als »Freundin« (82) bezeichnet. »Ich hab keine Lust mehr, denen den Koch zu machen. Ich soll ihnen aus Baumwurzeln und Schuhleder was zusammenpantschen, und dann schütten sie mir die heiße Suppe ins Gesicht. Heut Koch, das ist ein Hundeleben« (81).

Als ehemaliger Liebhaber der Yvette sieht er sich deren Beschreibung ausgesetzt. »Ein Glück, daß ich Sie vor dem warnen kann. Das ist der schlimmste, wo an der ganzen flandrischen Küste herumgelaufen ist. An jedem Finger eine, die er ins Unglück gebracht hat. […] Wie ich diesen Menschen geliebt hab! Und zu gleicher Zeit hat er eine kleine Schwarze gehabt mit krumme Bein, die hat er auch ins Unglück gebracht« (85).

Liebschaften

Der Courage bietet er an, gemeinsam mit ihm ein Wirtshaus in Utrecht, das er geerbt hat, zu bewirtschaften, ist jedoch nicht bereit, Kattrin mitzunehmen. »Wir könnten das Wirtshaus aufmachen, Anna, überleg dirs. Ich hab heut nacht meinen Entschluß gefaßt, ich geh mit dir oder ohne dich nach Utrecht zurück, und zwar heut« (91).

Utrecht

Der Feldhauptmann. Er tritt in Szene 2 auf und wendet sich Eilif väterlich-lobend (»Trink noch einen, mein Sohn«, 23), wenn nicht schwul-annähernd (»und was willst du zu Mittag, mein Herz?«, 22), zu. Sein pathetischer Ausdruck wird ergänzt durch seine brüske Art und Weise. Er brüllt: »Zu essen, Lamb, du Kochbestie, sonst erschlag ich dich« (22). Auch sonst offenbart sich im Zusammensein mit Eilif, dessen Heldentaten er rühmt (»In dir steckt ein junger Cäsar«, 25), seine einvernehmende Lebensart, orientiert am »Lieblingsfalerner« (23). »Die erlauben sich heut allerhand in meiner Küch« (27).

Verhalten eines Vorgesetzten

Der Zeugmeister. Der Zeugmeister tritt in Szene 3 als Handelspartner der Courage und Kamerad des Zahlmeisters Schweizer-kas auf. »Sinds nicht hartherzig, eine Hand wäscht die andre« (29).

Aufgabe im Krieg

Yvette Portier. Yvette tritt zunächst mit Schuhen und Hut aufgetakelt als Hure auf und teilt, auch im Lied übers Fraternisieren (31 f.), in dem sie über ihren Werdegang während des Krieges und von den ersten Vergewaltigungen an

Lebensphilosophie einer Hure

berichtet, ihre Lebensphilosophie mit: »Ich hätt zuhause bleiben sollen, wie mein erster mich verraten hat. Stolz ist nix für unsereinen, Dreck muß man schlucken können, sonst gehts abwärts. [...] Grad soll sies [die Kattrin] hören, damit sie abgehärtet wird gegen die Liebe« (31).

Gegenüber den miesen Erfahrungen der Jugendzeit kann sich Yvette als Obristin an der Seite eines »*uralten Obristen*« (48) in Szene 3 nachgerade herrschaftlich geben. In der Not-

Geschäftssinn

situation der Courage bekundet sie, wie zuvor bereits von der Courage vermutet (47), Interesse an deren Wagen und lässt sich vom Obristen (»Poldi, Chéri«, 49) beraten. »Das ist mein guter Freund, der mich berät im Geschäftlichen« (48). »Schreiben Sie mir eine Quittung aus und daß der Wagen mein ist, wenn die zwei Wochen um sind, mit allem Zubehör, wir gehens gleich durch, die zweihundert Gulden bring ich später« (49). Der Handel zieht sich hin, misslingt, Schweizerkas stirbt.

Der dritte Auftritt der Yvette als »Obristin Starhemberg« (83) ist von Herzlichkeit geprägt. »*Yvette Portier kommt, in*

Yvette als Obristin

Schwarz, aufgetakelt, mit Stock. Sie ist viel älter, dicker und sehr gepudert« (83). Im Mittelpunkt ihres Auftritts stehen die Erinnerungen an die unglückliche Jugendliebe, den Koch, der ihrem eigentlichen Streben nach Wohlstand, den sie mit dem wohlhabenden und nunmehr vermutlich verstorbenen alten Obristen hat verwirklichen können, im Weg gestanden hat. »Daß mich so was wie dieser Mensch einmal vom graden Weg hat abbringen können! Ich habs nur meinem guten Stern zu danken, dass ich dennoch in die Höh gekommen bin« (85). An der Figur der Portier wird das Ineinanderspielen von Schicksal, Liebe, Hurerei und Gewinnstreben deutlich.

Der Feldprediger. Der Feldprediger, der »Seelenhirt« (23), bringt der Courage Nachricht von Eilif (33) und hält dabei im Gespräch mit ihr und dem Koch seine Ansichten zum Krieg nicht hinter dem Berge: »In dem Krieg fallen ist eine Gnad und keine Ungelegenheit, warum? Es ist ein Glaubenskrieg. Kein gewöhnlicher, sondern ein besonderer, wo für den Glauben geführt wird, und also Gott wohlgefällig« (34). Religiös-theologische Sophistik wird von ihm auf die Spitze getrieben: »[…] es gibt ja nix Vollkommenes allhier auf Erden. Einen vollkommenen Krieg, wo man sagen könnt: an dem ist nix mehr auszusetzen, wirds vielleicht nie geben. […] Nein, der Krieg findet immer einen Ausweg, was nicht gar. Warum soll er aufhörn müssen?« (66, 68). Seine eigene Position bleibt im Blick, wenn es darum geht, einen Mantel zu bekommen: »Aber ich bin besonders gefährdet wegen meinem Glauben« (37). Auch er trägt mit seiner Person zur grotesken Skizze des Krieges bei: »Sie haben Spitzel. Gestern früh ist einer vor mir aufgetaucht aus dem Graben, wie ich meine Notdurft verrichtet hab. Ich erschreck und kann grad noch ein Stoßgebet zurückhalten. Das hätt mich verraten. Ich glaub, die röchen am liebsten noch am Kot, obs ein Evangelischer ist« (41).

Religiös-theologische Sophistik

Angesichts der schnell aufzubringenden Summe für Schweizerkas steuert er zu den Überlegungen der Courage, ihren Wagen zu verkaufen, um zweihundert Gulden erlösen zu können, skeptische Gedanken bei. »Wollen Sie wirklich verkaufen? […] Und wovon wollens leben?« (48). Dabei zeigt er, dass auch er rechnen kann. »Und es müssen nicht gleich die ganzen zweihundert sein, geh bis hundertfünfzig,

Kaufmännischer Sinn

das reicht auch« (50). Auch er ist, ähnlich wie Katrin, bereit, den Verwundeten zu helfen, und tritt der Courage gegenüber entsprechend fordernd auf (61).

Rhetorik der Predigt

Über seine rhetorischen Möglichkeiten lässt er weder die Courage, um die er im Folgenden wirbt, noch die Zuschauer im Unklaren: »Ich kann ein Regiment nur mit einer Ansprach so in Stimmung versetzen, daß es den Feind wie eine Hammelherd ansieht. Ihr Leben ist ihnen wie ein alter, verstunkener Fußlappen, den sie wegwerfen in Gedanken an den Endsieg. Gott hat mir die Gabe der Sprachgewalt verliehen. Ich predig, daß Ihnen Hören und Sehen vergeht« (71). Allerdings kann auch er angesichts des Zwischenfriedens sein Wesen ändern und der Courage ihre Art vorhalten. »Sie sollten sich nicht am Frieden versündigen, Courage! Sie sind eine Hyäne des Schlachtfelds. […] Aber wenn ich Sie den Frieden entgegennehmen seh wie ein altes verrotztes Sacktuch, mit Daumen und Zeigefinger, dann empör ich mich menschlich; denn dann seh ich, Sie wollen keinen Frieden, sondern Krieg, weil sie Gewinne machen, aber vergessen Sie dann auch nicht den alten Spruch: ›Wer mitn Teufel frühstücken will, muß ein langen Löffel haben‹« (82). Dabei lässt sich seine Art nicht ohne den Hinweis auf Selbstironie beschreiben. »Seit ich verlumpt bin, bin ich ein besserer Mensch geworden. Ich könnt ihnen nicht mehr predigen« (83). Auch die Korrektur der ›gelben Rüben‹ im Kapaunrezept des Kochs wirkt ironisch. »Rotkohl. Zum Kapaun Rotkohl« (86).

Dazu treten als anonyme **Nebenfiguren** noch auf: **Der Soldat, Der mit der Binde, Der Obrist, Der Schreiber** und weitere **Soldaten** und **Bauern**.

4. Werkaufbau

12 Bilder unterschiedlicher Länge bestimmen das Stück, dessen Szenen von 1624 bis 1636 gehen. Sehr kurz gehalten sind Szene 5, Szene 7 und Szene 10 (die beiden letzteren bestehen jeweils nur aus einem Lied und erschienen in der Erstfassung des Stückes noch nicht als eigene Szenen[1]) sowie Szene 12. In der *Weltbühne* notiert Fritz Erpenbeck: »Er [Brecht] nennt sein Stück selbst eine ›**Chronik**‹. Er unterteilt diese nicht in Akte, sondern in zwölf ›Bilder‹. Eingestreute **Songs**, meist ironisch moralisierenden Inhalts, weichen die alte Form des dramatischen Theaters noch weiter auf.«[2]

12 Bilder als Chronik

Songs

Dabei gehört das Stück in die Tradition der bewußt künstlerischen Form **epischen Theaters**: »Es galt in der Dramaturgie stets als eine Selbstverständlichkeit, daß Theater dramatisch zu sein habe; bis Brecht seine Gegenthese vom ›epischen Theater‹ verkündete und in die Praxis vieler (nicht aller) seiner Werke umsetzte. Er **erzählt** und **belehrt** von der Bühne herab. Und so, wie in anderer Epik – beispielsweise in dem Roman – an Höhepunkten ›dramatische‹ Dialoge eingestreut sind, so bedient sich ihrer auch Brechts ›episches Theater‹. Wie Brecht andererseits auch von dem Recht des Epikers, den Fluß des Geschehens jederzeit durch Reflexionen, Reminiszenzen und persönliche Kommentare zu unterbrechen, weitgehend Gebrauch macht.«[3]

Episches Theater als Erzählen und Lehren

5. Wort- und Sacherläuterungen

7,3 **Dalarne:** Landschaft in Mittelschweden.

7,4 **Marketenderin:** (die Truppen begleitende) (Kleinwaren-)Händlerin.

8,20 **Maultrommel:** kleines Zupfinstrument, dessen in einem handtellergroßen Rahmen gehaltene Metallzunge unmittelbar vor dem Mund als Resonanzraum schwingt.

9,19 **Bagage:** Gepäck- und Verpflegungstross des Heeres, wegen der unangesehenen Tätigkeit auch als Schimpfwort gebraucht.

9,27 **Riga:** Hauptstadt Lettlands, an der Ostsee gelegen.

10,3 **Altötting:** Stadt in Oberbayern, Wallfahrtsstätte.

10,4 **Mähren:** am Rande der heutigen Tschechischen Republik zur heutigen Slowakei hin gelegenes Gebiet.

10,7 **umgestanden:** eingegangen, verendet.

13,27 **Vettel:** von lat. *vetula* ›altes Weib‹: unordentliches altes Weib.

13,32 **Butzen:** Kerngehäuse des Obstes.

15,18 **Bankert:** Bastard, uneheliches Kind.

17,27 **Gulden:** ursprüngl. Bezeichnung für die nach florentinischem Muster seit dem Anfang des 14. Jahrhunderts in Deutschland geprägten Goldmünzen; die Bezeichnung ging später auf den seit 1559 geprägten Silbernen Reichsguldiner sowie auf verschiedene regionale Münzen über.

18,2 **Unzen:** altes Maß; eine Unze = 2 Lot, 16 Unzen ergaben ein Pfund. Heute: Gewichtseinheit für Edelmetalle.

20,5 **Kapauns:** kastrierten Masthahns.

20,11 **Heller:** kleinste Münze von wechselndem Wert. 1 Gulden = 240 Heller.

22,10 **Mores:** (lat.) Sitten.

23,15 **Lieblingsfalerner:** Falerner: einst hochgeschätzter Wein aus der italienischen Provinz Kampanien.

23,21 **geschlenkt:** verprügelt, niedergeschlagen.

24,28 **Pharisäer:** jüdischer Angehöriger einer den Gesetzen treuen religiös-politischen Partei; nach den Angriffen Jesu gegen die Pharisäer Bezeichnung für: Heuchler, selbstgerechter Mensch.

31,34 **Fraternisieren:** von lat. *frater* ›Bruder‹; eigentl.: verbrüdern, hier eher: vergewaltigen.

39,16 **Boshe moi!:** polnischer Ausruf: mein Gott!

40,26 **im Livländischen:** Gebiet an der Ostsee östlich des Rigaischen Meerbusens, zwischen Estland und Lettland.

40,31 **Revision:** Nachprüfung.

46,9 **das Horenlied:** von lat. *hora* ›Stunde‹: Stunde des vorgeschriebenen Gebets im Kloster, Stundenlied.

55,23 **Bouque la Madonne!** (frz.) unflätig: Fick die Madonna!

56,23 **in Stock schließen lassen:** Stock: altes Strafinstrument, in das der Verurteilte mit Händen, Füßen und am Hals eingeschlossen wurde.

56,30 **verhurt:** für Huren ausgeben.

62,23 **Krampen:** österreichische Schreckfigur, die den Nikolaus begleitet.

63,20 **Pschagreff:** polnischer Fluch: zum Donnerwetter, verdammte Scheiße.

65,17 **Chargen:** höhere Dienstgrade beim Militär, gemeint sind Unteroffiziere und Offiziere.

65,23 **defilierens:** defilieren: vorbeischreiten.

66,30 **das Schlamassel:** eigtl.: *der* Schlamassel: Durcheinander, Verwirrung.

70,6 **Oxenstjerna-Regiment:** benannt nach Axel Oxenstjerna (1583–1654), dem schwedischen Reichskanzler.

70,27 **Donschuan:** Don Juan.
74,9 **geschoppt:** hineingestopft.
78,11 **Marandjosef!:** Maria und Josef!
80,4 **Schmalger:** Großsprecher, Schönredner.
86,22 **Piketten:** Spieße, auch: Feldwachen, Wachmannschaft.
87,8 **Profos:** Militärpolizei.
107,7 **Marodöre:** von frz. *maraud* ›Lump‹; plündernde Nachzügler der Truppe.

6. Interpretation

Vorbemerkung

Der vom Stück vorgegebene **Rahmen ist die Kriegssituation**, in der, bis auf eine kurze Unterbrechung durch Frieden, die gesamte Handlung an verschiedenen Orten in Schweden, Polen, Bayern und Sachsen spielt. Der Krieg ersetzt sonstige Ordnungen, entwickelt seine eigene Logik und fordert sowohl die Figuren auf der Bühne als auch schließlich den Zuschauer auf, eigene Schlüsse zu ziehen. Einerseits wird ein sehr düsterer Grundcharakter deutlich, andererseits kann das Stück vor diesem Hintergrund seinen Lehrcharakter entfalten. Unter den damit gesetzten Prämissen ist sicher auch **der aporetische Schluss** zu verstehen, in dem Mutter Courage sich behauptet und ihren Weg, selbst angesichts des Todes vermutlich aller Kinder, unbeirrt fortsetzt. Der Zuschauer kann den Schauplatz des Geschehens verlassen, *er* ist um die Erfahrungen der Courage reicher. Dass die Bühnenfiguren selber *nichts* lernen aber gehört mit zum Grundverständnis des Stücks, wie Harald Engberg nochmals herausstellt: »Und es ist Brecht gerade daran gelegen, zu demonstrieren, **daß die menschen aus dem krieg nichts lernen**. Er unterstreicht es immer wieder […]. Zehn jahre nach entstehung des stückes fragt Friedrich Wolf Brecht in einem gespräch, ob mutter Courage nicht etwas vom krieg lernen *müßte*, da Brecht doch an das gesetz der veränderung

Situation Krieg

Aporetischer Schluss

Lernen aus dem Krieg?

glaube? Brecht antwortet, die pointe, daß sie nichts lerne, sei gerade der pessimistischen situation im jahre 1938 entsprungen, als die skandinavischen länder die schrift an der wand *nicht* sehen wollten, obwohl ›der stückeschreiber einen großen krieg voraussah ...‹«[4]

Vom schriftlichen Werk zur Aufführung

Für die Interpretation des Stückes, sowohl die Betrachtung der Figuren als auch die Frage nach den Grundtendenzen ganzer Themenkomplexe, spielt eine nicht unentscheidende Rolle, dass **das Stück ein Bühnenstück** ist und dass jede Aufführung mit vielen Details, dem Szenenarrangement, den Requisiten (soll der Wagen zunächst eine helle Plane haben, die Bild für Bild verdreckter erscheint? Welche Waren schmücken das äußere Erscheinungsbild des Wagens?), der inneren und äußeren Haltung der Schauspieler, den Verhaltensweisen der Figuren, den nichtsprachlichen Handlungen, den Akzentuierungen beim Sprechen und so fort auch gerade für die vielen dem Zuschauer überlassenen Deutungsentscheidungen, wichtige Interpretationshinweise gibt. Eine Fülle solcher über den Text hinausgehender Interpretationsmerkmale nebst Interpretationen einzelner Bilder für die Bühne enthalten die *Modellbücher*, die Brecht beim Berliner Ensemble anfertigen ließ und in denen Fotos, Notate und Analysen zusammengestellt sind (die auch Hilfen für eigene Inszenierungen sein können).[5]

Zum Stück

Die Personenkonstellation

Gegenüber der Beschreibung einzelner Figuren stellt sich die Frage nach der **Bedeutung der Figurenkonstellation.** Ein zentraler Punkt ist sicher die schon herausgestellte Widersprüchlichkeit der **Händlerin und Mutterfigur Mutter Courage**. Brecht notiert unter dem Titel »Dialektik der Couragefigur«: »die C. ist geschäftsfrau, weil sie mutter ist. sie kann nicht mutter sein, weil sie geschäftsfrau ist.«[6] Und Käthe Rülicke formuliert, dass Brechts Courage vom Widerspruch zwischen Mutter und Händlerin lebe. Die eine könne nur leben auf Kosten der anderen.[7] Die grundlegende Intention weist aber über den Krieg als Bedingung des Handelns und die Einzelfigur der Courage hinaus. »Mit ungewöhnlich scharfem Blick hat Brecht die Fabel und die Figuren des Stücks vom Gesellschaftlichen her aufgebaut. Die Courage spiegelt in jedem Satz und jeder Gebärde das ›Geschäft‹ wieder, das in dem Stück als feste Formel für die gesellschaftlich-ökonomische, dem unwiderstehlichen Sog der pervertierten geschichtlichen Welt preisgegebene Existenz des Menschen dient. Folgerichtig ist das Stück auch nicht an der psychologischen Entwicklung der Gestalt interessiert.«[8] Was macht die Courage eigentlich aus? Siegfried Unseld: »Das **Mitmachen** ist die eigentliche ›Courage‹ der Courage. […] Meist ist sie blind für den Widerspruch ihrer Lage; sie ist ihr angepaßt.«[9] Dabei verlange, so Harald Engberg, der Stückeschreiber, dass wir sie [Mutter Courage] verdammten: »Warum? Weil

Mutter Courage als Repräsentantin eines Gesellschaftstyps

sie ihren guten verstand nur mobilisiert, um das lebensnotwendige herbeizuschaffen; weil sie wie millionen, die sich damit abfinden, masse zu sein, die verhältnisse akzeptiert; weil sie den krieg als etwas unvermeidliches hinnimmt und meint, sie könne – obwohl sie allein operiert, nur mit ihrem bißchen bauernschläue versehen – doch einen vorteilhaften handel mit der katastrofe machen und mit dem tod huren; weil sie ihre vernunft nicht gebraucht, um die große mechanik zu sehen, in der sie ein rädchen ist, und ihren lauf zu ändern.«[10] »›Geschäft‹ ist in Brechts Stück Ausdruck für den korrumpierten Zustand der (gegenwärtigen) Geschichte und für das ›Mitmachen‹ des Menschen darin, wobei sogleich hinzuzusetzen ist, daß das Mitmachen das Vorzeichen der Selbstverteidigung und der elementaren Selbstbewältigung hat und nicht der sittlichen Schuld.«[11] Mutter Courage selber lässt in ihrer Widersprüchlichkeit die Bewertung ihres Verhaltens offen, der Zuschauer bleibt auf sich gestellt. Eine offene Frage ist sicherlich, ob Mutter Courage sich hätte anders verhalten können. In der Tat wirkt der Rahmen der Kriegssituation angesichts der Handlung **partiell deterministisch**. Dieter Thiel formuliert: »Für die Stückaussage folgenreicher noch ist das Eingeständnis der Courage, gerade aufgrund dieser Gewinnaussichten den Krieg aufzusuchen. Das *Wissen* um die Verbindung von Krieg und Geschäft, das asoziale und egoistische Mitmachen, ist ihr eigentliches ›Verbrechen‹ (Mat. II, S. 248). Das Gleiche gilt für Yvette, aber auch, mit der betonten Ausnahme Kattrins und der Masse der Bauern, für andere der im Stück gezeigten kleinen Leute. **Sie alle glauben an den Gewinn**, zumindest an einen persönlichen Vorteil.«[12] Und weiter: »Die wirklichen Folgen des Mitmachens zeigen sich im Ergebnis: Die

Gewinnstreben als »Verbrechen«

Courage ist am Ende ein menschliches Wrack, die Kinder sind tot, Yvette hat zwar den gesellschaftlichen Aufstieg geschafft, ist aber fett und häßlich geworden, der Feldprediger und der Koch sind in eine ungewisse Zukunft entschwunden. Der persönliche Krieg um Gewinn hat letztendlich nur den großen Krieg unterstützt. Das Stück beweist so, ›daß die kleinen Leute vom Krieg nichts erhoffen können (im Gegensatz zu den Mächtigen). Die kleinen Leute bezahlen die Niederlagen und die Siege‹ (Mat. II, S. 67). Brecht läßt indes keinen Zweifel, daß die Verlierer auch die Mitschuldigen sind.«[13]

Der zweite Blick, der die Personenkonstellation im Auge hat, fällt sicherlich auf die schon im Titel genannten drei **Kinder der Courage** und ihre Beziehung zur Courage, die Brecht – neben den **familiären Arbeitseinsätzen** wie dem Ziehen des Wagens[14] – selber auf den Punkt bringt: »mutter courage hat 3 schützlinge: den kühnen und klugen sohn, den redlichen und dummen sohn, die stumme karin [sic!]. der kühne und kluge sohn stirbt an der kühnheit und klugheit, der redliche dumme sohn an der redlichkeit und dummheit, die stumme karin, weil sie trommelt.«[15] Anders formuliert bringt er diese Konstellation in Verbindung mit den Abgründen der jeweiligen **Tugenden**: »Zu den Kindern: Beim ersten Sohn fürchtet sie seine Kühnheit, zählt auf seine Klugheit. Beim zweiten Sohn fürchtet sie seine Dummheit und zählt auf seine Ehrlichkeit. Bei der Tochter fürchtet sie ihr Mitleid und zählt auf ihre Stummheit. Nur ihre Befürchtungen werden sich als berechtigt erweisen.«[16] In dieser Konstellation zwischen der Mutter und ihren Kindern kann die Beziehung

Die Kinder

Kühnheit – Klugheit, Dummheit – Ehrlichkeit, Mitleid – Stummheit

zwischen Courage und Kattrin auf eine klassische Beschreibungsgröße gebracht werden, wie Fritz Erpenbeck in der *Weltbühne* herausstellte: »In diese ›Chronik‹ ist nämlich ein ganz unepisches, sehr ›dramatisches‹ Drama eingebaut: ein Drama mit Spieler und Gegenspieler, mit allem, was dazu gehört. Allerdings ist da der **Gegenspieler der Mutter** Courage nicht (wie jetzt) der Krieg – also ein dramaturgisches Abstraktum –, sondern ein Mensch: **die stumme Kattrin**. Sie wird von der Mutter wieder und wieder am menschlichen Ausleben verhindert: aus besorgter Liebe, aber auch, weil sie im Geschäft als Arbeitskraft unentbehrlich ist.«[17]

Spieler und Gegenspieler

»Daß die Courage in der ersten Szene die rauhen Warnlaute der stummen Tochter mißachtet, weil sie noch die Echtheit der Münze prüfen zu müssen glaubt, bringt sie um die Möglichkeit, ihren Sohn Eilif zurückzuhalten. Schon hier also erscheint Kattrin als Widerpart der Courage, als Widerpart jenes Geschäftsgeistes, dessen Folgen in einer Vorausdeutung und mit einer Art tragischer Ironie schon vorweggenommen werden: die gefälschten, todkündigenden Lose, die die Courage ihre Söhne ziehen läßt, werden keine leere Prophezeiung bleiben.«[18] Spätestens mit Kattrins letzter Tat, dem Trommeln in der Nacht, die zeigt, dass Widerstand generell möglich zu sein scheint, erweist sich, dass die »Metapher vom redenden Stein als bedeutungsschwere Umschreibung von Kattrins Widerstand […] die Möglichkeit des scheinbar Unmöglichen [benennt]. Gleichzeitig deutet sie auf sich selbst zurück. Durch sie bekundet Brecht ›ein tiefes Mißtrauen in sein ›Medium‹, das der Dichter zu verteidigen geneigt ist: die Sprache ohne die ihr entsprechende reale Haltung ist nur leeres Geschwätz‹ (Knopf, *Handbuch*, S. 188).«[19]

Abgewehrte Identifikation

Entsprechend den Maximen des epischen Theaters gehört es zur Grundanlage des Stückes, dass eine Identifikation zwischen Zuschauer und Figuren vermieden wird. Es gehöre, so Siegfried Unseld, zur Anlage des Stückes, in dem beständig Position und Gegenposition wechseln, daß sich der **Zuschauer** den Figuren nicht anvertrauen könne, er stehe ihnen fragend und kritisierend gegenüber. »Da jede erreichte Lösung immer wieder in ein neues Problem umschlägt, ist der Zuschauer gezwungen, sich seinen eigenen Vers zu machen.«[20]

Thema Krieg

Viele Perspektiven von Krieg

Krieg ist die Bedingung allen Handelns im Stück. Dabei lässt sich weder eine klare Linie als Grundzug des Krieges ausmachen, noch lassen sich die heterogenen und **ambivalenten Äußerungen der Protagonisten** auf einen Punkt bringen. Ihr Handeln kann sich nicht an gewohnten Situationen bewähren, sondern will allenthalben neu bestimmt sein. Die **Disparatheit der Erscheinungsweise des Krieges** scheint gerade ein gewollter Effekt zu sein. Brecht formuliert am 5. Januar 1941 im Arbeitsjournal: »die Mutter Courage durchstudierend, sehe ich mit einiger zufriedenheit, wie der **krieg als riesiges feld** erscheint, nicht unähnlich den feldern der neuen physik, in denen die körper merkwürdige abweichungen erfahren, alle berechnungsarten des individuums, gezogen aus erfahrungen des friedens, versagen; es geht nicht mit kühnheit, es geht nicht mit vorsicht, nicht mit ehrlichkeit, nicht mit betrug, nicht mit brutalität noch mit mitleid, alles bringt untergang. aber es bleiben die kräfte, welche auch den frieden zu einem krieg machen, die unnennbaren.«[21]

Übergeordnete Intention

Dennoch lässt sich eine **Intention des Ganzen** beschreiben, die an den Widersprüchlichkeiten in der Figur der Courage orientiert ist. Sie lebt in der Ambivalenz von **Krieg als Bedingung von Leid und Tod** sowie **Krieg als Bedingung des Wirtschaftens** der Marketenderin. Gezeigt wird »der Nährboden des Krieges: das Gewinnstreben, das sich vom Krieg Bereicherung erhofft«.[22] Zur Berliner Aufführung 1949 notiert Brecht: »*Mutter Courage und ihre Kinder* zeigt, daß die kleinen Leute vom Krieg nichts erhoffen können (im Gegensatz zu den Mächtigen). Die kleinen Leute bezahlen die Niederlagen und die Siege.«[23] Dabei zeigt sich, dass die Courage diese Intention nicht nur in den Paradoxien ihres Handelns vorführt, sondern – ähnlich wie andere Protagonisten – gelegentlich auch Erkenntnisse formuliert, die in diese Richtung deuten: »Ich verstehe, Sie haben Hunger. Voriges Jahr hat euer Feldhauptmann euch von die Straßen runterkommandiert und quer über die Felder, damit das Korn niedergetrampelt würd, ich hätt für Stiefel zehn Gulden kriegen können, wenn einer zehn Gulden hätt ausgeben können und ich Stiefel gehabt hätt. Er hat geglaubt, er ist nicht mehr in der Gegend dies Jahr, aber jetzt ist er doch noch da, und der Hunger ist groß. Ich versteh, daß Sie einen Zorn haben« (57).

Paradoxien im Handeln und Erkenntnisse

Krieg, Frieden, Sieg, Niederlage, Moral, Glauben

Doch das Stück liefert vielfältige Eindrücke zum Thema Krieg, die sich eben nicht durchgängig unter nur eine Perspektive bringen lassen. So finden sich in den Dialogen Auseinandersetzungen zu den **The-**

men Krieg und Frieden, Sieg und Niederlage, c
Feldpredigers lässt die Themen von Moral, Krie
ben auf den Plan treten (»Ich hab hier einen sitze
Glauben und einen mit einer Kass. Ich weiß nic
fährlicher ist«, 40), immer wieder verdeutlicht sich der Alltag im Krieg (einschließlich Krieg und Liebe), wird das Verhältnis von Krieg und Wirtschaft dargestellt, immer wird die Möglichkeit des Todes im Krieg virulent gehalten, angesprochen werden aber auch die Themen Wahrheit und Lüge und damit auch Recht und Unrecht unter Kriegsbedingungen. Zwischendurch wird dann gelegentlich versucht, die gewonnenen Erkenntnisse auf den Punkt zu bringen: »Besiegt werden kann er nicht [der König], warum, seine Leut glauben an ihn. *Ernsthaft:* Wenn man die Großkopfigen reden hört, führens den Krieg nur aus Gottesfurcht und für alles, was gut und schön ist. Aber wenn man genauer hinsieht, sinds nicht so blöd, sondern führn die Krieg für Gewinn. Und anders würden die kleinen Leut wie ich auch nicht mitmachen« (36).

Alltag, Wirtschaft, Tod, Wahrheit, Lüge, Recht, Unrecht

Dass Brecht das Geschehen ins 17. Jahrhundert rückverlagert, bietet ihm Möglichkeiten, die ein zeitgenössisches Stück so nicht gehabt hätte. »Wie die übrigen deutschen emigranten«, so Harald Engberg, »war er [Brecht] stark an einer ›historisierung‹ der aktuellen situation interessiert, d. h. daran, den aktuellen angriff in jahrhunderte zurückliegende ereignisse zu kleiden.«[24] Ähnlich wie andere zeitgenössische literarische Formen wie der historische Roman schafft die Wiederaufnahme des Dreißigjährigen Krieges **historische Distanz**, um Dinge sagbar zu machen, die sonst unsagbar wären oder schlechter

Historisierung schafft historische Distanz

verstanden würden. Als Schlussbemerkung zum Erstdruck 1949 formuliert Brecht (*Versuche*, Heft 9) die Möglichkeiten der historischen Distanz für die Courage: »In den Bauernkriegen, dem größten Unglück der deutschen Geschichte, war, was das Soziale betrifft, der Reformation der Reißzahn gezogen worden. Übriggeblieben die Geschäfte und der Zynismus. Die Courage – dies sei gesagt, der theatralischen Darstellung zu helfen – erkennt zusammen mit ihren Freunden und Gästen und nahezu jedermann das **rein merkantile Wesen des Kriegs**: das ist gerade, was sie anzieht. Sie glaubt an den Krieg bis zuletzt. Es geht ihr nicht einmal auf, daß man eine große Schere haben muß, um am Krieg seinen Schnitt zu machen. Die Zuschauer bei Katastrophen erwarten ja zu Unrecht, daß die Betroffenen daraus lernen werden. Solange die Masse das *Objekt* der Politik ist, kann sie, was mit ihr geschieht, nicht als einen Versuch, sondern nur als ein Schicksal ansehen; sie lernt sowenig aus der Katastrophe wie das Versuchskaninchen über Biologie lernt. Dem Stückeschreiber obliegt es nicht, die Courage am Ende sehend zu machen – sie sieht einiges, gegen die Mitte des Stückes zu, am Ende der 6. Szene, und verliert dann die Sicht wieder –, ihm kommt es darauf an, **daß der Zuschauer sieht.**«[25]

Merkantiles Wesen des Krieges

Kritischer Zuschauer

Brechts Bestrebungen mit der *Mutter Courage* nehmen ihren Ausgang von der Zeit des Dreißigjährigen Krieges, um Krieg schlechthin seines jeweils historisch gesetzten Sinnes zu entkleiden. Siegfried Unseld formuliert zum Verhältnis von Dreißigjährigem Krieg und

Dreißigjähriger Krieg als Bezugspunkt

der Grundintention von *Mutter Courage und ihre Kinder*: »Brecht ist nicht so sehr am historischen Vorgang, am historischen Feld als vielmehr an den Bewegungskräften und menschlichen Verhaltensweisen interessiert, die dieses Feld verursacht, verändert oder nicht verändert haben.«[26]

Klar ist, dass die Entstehungsgeschichte des Stückes auf den **Zweiten Weltkrieg** als Bezugspunkt verweist und dass damit auch Skandinavien betroffen ist. »Eine enge Beziehung zu den skandinavischen Exilländern, auf die Brecht rückblickend hinwies, ist unverkennbar. Mit Sorge betrachtete der Stückeschreiber die Bereitschaft seiner Gastländer, sich mit den Hitlerschen Eroberungsplänen zu arrangieren, in der Hoffnung, dabei Geschäfte zu machen. Er glossierte diese Haltung in den grotesken Einaktern *Dansen* und *Was kostet das Eisen?* (1939) und später wieder in den *Flüchtlingsgesprächen* (1940) in kaum verschlüsselter Form.«[27]

Zweiter Weltkrieg als Bezugspunkt

Die Übertragung aus dem historischen Rahmen des Dreißigjährigen Krieges bleibt angesichts des Dargebotenen wiederum dem **Zuschauer** überlassen, dem damit wiederum **Erkenntnisleistung** abverlangt wird. Karl-Heinz Ludwig resümiert treffend: »Bei aller Skepsis, die der Übertragung von Aussagen einer Chronik aus dem 30jährigen Krieg auf die Gegenwart des 20. Jahrhunderts entgegengebracht werden muß, die **Warnung vor Profitsucht** hat an Aktualität nichts eingebüßt. Das Publikum soll lernen: So wie die Courage handelt, geht es nicht. Die Aufführung der *Courage* war Brechts Beitrag zur Verhinderung neuen Unglücks, zur **Veränderung der Gesellschaft.**«[28]

Aufgabe des Zuschauers

Die Lieder

Formal interessant sind die ins Stück eingefügten Lieder. Einen zeitgenössischen Hintergrund im Dreißigjährigen Krieg finden sie in den Formen des **balladesken Bänkelsangs**, dem Ereignis- oder Zeitungslied. Bezogen auf die Tradition des Dramas übernehmen sie die **Funktionen des antiken Chores,** verknüpfen, so Siegfried Unseld, »die dramatische Handlung mit episch-lyrischen Elementen« und schaffen damit »eine in hohem Maße **poetische Spannung**«[29]. Innerhalb der Brecht'schen Konzeption des epischen Theaters lässt der variationsreiche **Brecht'sche Song** die Schauspieler aus ihren Rollen treten und den Zuschauer das Geschehen kritisch reflektieren. Mit dem Heraustreten des Schauspielers in die Rolle des Sängers wird ein **Verfremdungseffekt** hervorgebracht, der den **Zuschauer als Selbstdenker** anspricht.

Bänkelsang, antiker Chor, poetische Spannung: der Brecht'sche Song

Verfremdung

Brecht selber hat, wiederum in Vers- und Strophenform, einen Song über die Lieder geschrieben, der Aufschluss über Stellenwert und **Funktion der Lieder** im Stück gibt:

Trennt die Gesänge vom Übrigen!
Durch ein Emblem der Musik, durch Wechsel
der Beleuchtung
Durch Titel, durch Bilder zeigt an
Daß die Schwesterkunst nun
Die Bühne betritt. Die Schauspieler
Verwandeln sich in Sänger. In anderer Haltung
Wenden sie sich an das Publikum, immer noch
Die Figuren des Stücks, aber nun auch offen
Die Mitwisser des Stückeschreibers

[…] Und unverständlich
Das Lied der Marketenderin von der Großen
Kapitulation,
ohne
Daß der Zorn des Stückeschreibers
Zum Zorn der Marketenderin geschlagen wird. […][30]

Karl Brinkmann fasst über die **Musik** zu den Chansons, die ab 1946 von Paul Dessau in enger Zusammenarbeit mit Brecht geschrieben wurde,[31] zusammen (»die ursprüngliche von Simon Parmet und die von Paul Burkhard für die Zürcher Uraufführung 1941, mit Therese Giehse in der Hauptrolle geschriebene Musik wurden von Brecht für seine Inszenierungen nicht übernommen«[32]): »Die Musik zu *Mutter Courage* schrieb Paul Dessau, mit dem Brecht ein gutes Stück Weges zusammengegangen ist. Dessau hat Brechts Verse entweder in einfachen, melismatisch gut geformten melodischen Linien vertont, oder auf altes Liedgut zurückgegriffen. So entstammt das Lied der Courage einem französischen Chanson des 17. Jahrhunderts. Diese Melodien sind rhythmisch teils aufgelockert, teils gestrafft und konzentriert. Dazu schrieb Dessau eine sparsame, aber sehr illustrative instrumentale Begleitung von zwei Pikkoloflöten, Trompete, Gitarre, Akkordeon, Schlagzeug und einem auf Cembalo-Klang zurecht gemachten Klavier. Teilweise ist diese Begleitung streng ostinato, teilweise auch figurativ aufgelöst durchgeführt. Die eigenartige Besetzung ermöglicht eine große Variationsbreite von Klangfarben. Dessaus Musik ist nicht uninteressant, sie ist außerordentlich kunstvoll, es fehlt ihr aber die zündende rhythmische Wirkung, die Weills Songs zur *Dreigroschenoper*, die den alten Bänkelgesang verjazz-

Paul Dessau

ten, so populär gemacht hat, so daß sie auch außerhalb des Bühnengeschehens auf zahllosen Schallplatten und durch ungezählte Rundfunksendungen verbreitet werden. Dessaus Musik bleibt eine unbedingte Einheit mit dem Bühnengeschehen, sie hat auch durch öftere Wiederholungen gleicher Motive und Farben gelegentlich, wie etwa beim ›Salomo-Song‹, ein Element der Langeweile.«[33]

Die Lieder im Einzelnen

»merkantile Ideologie des Songs«

Das erste Lied der Mutter Courage (8). In diesem Auftrittslied stellt Mutter Courage sich, ihre Tätigkeit und die Kriegssituation vor. Gleichzeitig wirbt sie in der ersten Strophe für zu verkaufende Schuhe, in der zweiten Strophe für Würste und Wein als Kriegslust fördernde Magenstimulanzien für den Tod im Feld: eine »merkantile Ideologie des Songs«[34] wird deutlich. Adressaten sind die Soldaten, hier der Feldwebel und der Werber. Endreimschema der beiden Strophen ist ababcdcd, also ein Kreuzrreim, der die Darbietung schlicht, aber flüssig stützt. Der Refrain, ein Vierzeiler (abab), spielt mit seinem auffordernden Charakter auf die Kriegssituation an, verweist darüber hinaus aber auch auf den unsteten Lebenswandel der umherziehenden Marketenderin hin, die sich als Nichtsesshafte wohl fühlt. Mit dem Lied als erstem Lied der Bühnenhandlung (eine dritte Strophe nebst dem Refrain werden es als Abgesang des Stückes wieder aufnehmen) ist das Grundsetting für den Fortgang der Handlung aufgemacht. »Die Kontrastierung von Song und dramatischem Geschehen soll dem Zuschauer bewußt machen, was Krieg ist,

Kontrast Song – dramatisches Geschehen

und ihn kritisch ausrüsten zum Abbau der kapitalistisch-traditionellen Theorie vom Krieg.«[35]

Friedrich Wölfel stellt zum Formtypus des Liedes heraus: »Aus seiner Funktion im Stück erklärt sich, daß das Lied der Mutter Courage im strengen Sinn nicht als *Ballade* gelten kann. Es hat zwar balladenhafte Züge in einigen seiner Stilmittel und ist balladesk im ganzen Ton – was ja für Brechts Dichtung weithin gilt –, Ballade im vollen Wortsinn ist es aber deshalb nicht, weil ihm das epische Element fehlt, wenigstens in den Strophen. Anders steht es mit dem Kehrreim.«[36]

»Das Lied vom Weib und dem Soldaten« (26). Dieses Lied, das anlässlich der Begegnung des heroischen Eilif mit seiner Mutter vor und in der Feldküche gesungen wird, macht die Beziehung zwischen dem Soldaten und den daheimgebliebenen Frauen angesichts der heroischen Möglichkeiten des Krieges deutlich. Die drei Strophen à 10 Zeilen und die letzte Strophe mit ihren 4 Zeilen mit uneinheitlichem Endreimschema führen in balladesker Form in der Gegenüberstellung von Tötungsinstrumenten, heroischer Unverzagtheit des Soldaten und den Bedenken des Weibes, das um die bitteren Konsequenzen des Todes im Feld weiß, die Unsinnigkeit der Kriegsbegeisterung vor.

Soldaten im Krieg

Die erste Strophe stellt durch den Vergleich mit natürlichen Eigenschaften von Wasser und Eis quasi-natürliche Eigenschaften von »Schießgewehr«, »Spießmesser« und der »Kugel im Lauf« vor. Der Soldat selber zeigt sich in seinen scheinbar ebenso natürlichen Eigenschaften, die im Marschieren und im selbstverständlichen, jugendlich-unerfahrenen und heroischen Umgang mit den Waffen bestehen.

Die zweite Strophe führt mit dem Hinweis auf den Rat des Weisen die Vorhaben des Soldaten als tollkühn und unbesonnen vor. Gegenüber dem männlich markierten ungestümen Heroismus steht der Hinweis auf besonnene Zurückhaltung, die als Alterserfahrung und als weiblich herausgestellt werden. Angesichts dieser Gegenüberstellung spitzt sich die Unverfrorenheit des sich unbesiegbar wähnenden Soldaten zu. Strophe drei, die von Mutter Courage vorgetragen wird, stellt demgegenüber wiederum die häusliche Situation und die Rückbindung des Soldaten heraus, die trotz der vorgebrachten vordergründigen Kriegsbegeisterung hinter allem die letzte Konsequenz des sinnlosen Todes ausmacht. Mit der letzten Strophe wird parallel zum Inhalt der vorangegangenen Strophen Punkt für Punkt die heldenhafte Begeisterung den erwartbaren Realitäten gegenübergestellt.

»Die Kontrastierung von Heldenpathos und Soldatentod, die innerhalb des Liedes Eilifs Phrasen zerstört, wird in dem sich anschließenden Geschehen fortgesetzt.«[37]

(32) »Das Lied vom Fraternisieren« (32). Mit dem Lied vom Fraternisieren stellt sich die Yvette mit ihrer Kriegsgeschichte als Jugendliche und junge Frau in drei Strophen à 10 Zeilen vor. Neben dem uneinheitlichen Endreimschema wiederholen sich die letzten 6 Zeilen als variierter Refrain, in dem die Vergewaltigung durch die nüchtern geschilderte Abfolge von Vorgängen als kriegsüblich geschildert wird. Stellt die erste Strophe noch das kriegsbedingte unglückliche Hineingleiten der jungen Frau dar, beschreibt die Yvette mit der zweiten Strophe, wie sie sich in den Koch verliebt hat. Die dritte Strophe rechtfertigt die so entstandene Liebe

Kriegsübliche Vergewaltigung

und führt mit der gänzlich geänderten letzten Strophe des Refrains die Perspektivlosigkeit der spontanen Liebe in Kriegszeiten vor. Das Lied steht in Beziehung zur Sorge der Courage um Kattrin, die sie vorm Fraternisieren bewahren will.

Der Feldprediger singt »das Horenlied« (46). In der Situation, in der Mutter und Sohn (Schweizerkas alias Fejos) sich gegenseitig verraten und Fejos schließlich umgebracht wird, stellt der Feldprediger einen Zusammenhang mit der Passionsgeschichte Jesu her. Dieser verweist dem Feldprediger nach auf eine Rechtfertigung des Unsinnigen durch die Ähnlichkeit des Schicksals. Dabei bleibt die Deutung beider Tode, der mit Geld noch zu verhindernden Hinrichtung Fejos und der Hinrichtung Jesu im religiösen Sinn dennoch ambivalent und dem Zuschauer überlassen. Das Schicksal Fejos ist eben nicht durch den göttlichen Vergleich zu rechtfertigen, sondern liegt vielmehr im zögerlichen merkantilen Verhalten der Courage begründet, umgekehrt scheint die Passiongeschichte Jesu das »Unglück der Welt zu heiligen und von seinen tatsächlichen Ursachen abzulenken. Das Lied soll durch seine historisierende Wirkung ideologische Praktiken und die gesellschaftliche Funktion der Religion aufdecken.«[38]

Religiöse Parallelen

In zehn Strophen wird im Lied, einer »Bearbeitung des mittelalterlichen Stundenliedes ›Christus, der uns selig macht‹ (vgl. Völker, *Brecht-Kommentar*, S. 356)«[39], orientiert an »der ersten Tagesstund«, den weiteren Tageszeiten »Umb drei«, »Umb sechs«, »zur neunden Stund« und »zur Vesperzeit« die Leidensgeschichte Jesu verdeutlicht. Inhaltlich wird zunächst die rechtliche und sachliche Unbegründetheit des sinnlosen Todesganges vorgeführt. Die Strophen 3–5 stellen in gleicher Kürze die Leiden im Einzelnen dar, 6 und 7 die Reaktionen der Zuschauer und Jesu. 8–10 beschließen die biblische Erzählung des Feldpredigers.

Formal auffällig ist die Kürze der einzelnen Zeilen, die dadurch lakonisch-prägnant ausfallen. Fast durchgängig (bis auf die erste Strophe) ist es das Kreuzreimschema abab, das den Fortgang der Handlung rhythmisch stützt.

Lebensbilanz der Courage

Mutter Courage singt »das Lied von der Großen Kapitulation« (58). Mutter Courage unterhält sich mit dem jungen Soldaten und nimmt in einem Lied die Selbsteinschätzung ihres Lebens, von ihren einstigen Erwartungen, den Ernüchterungen des Lebensweges bis zu ihrer Fügung (der Großen Kapitulation) ins Lebenslos, zur Aufklärung und Umstimmung des jungen Soldaten vor. Norbert Mennemeier formuliert: »Ihr Lied von der Großen Kapitulation, voll mütterlichen Mitgefühls für die ›kleine‹ Kapitulation des Soldaten gesungen, schildert den Gang des Lebens als unaufhaltsame Desillusionierung allen individuellen Drangs ›nach Höherem‹, als unaufhaltsamen Verschleiß aller Sonderwünsche auf Glück.«[40] Die vielen knappen Zweizeiler (etwa elf und ein Einzeiler) werden durch Strophe 5, Strophe 10 und die letzte Strophe 15 refrainartig (variiert) unterbrochen. Von der Annahme der Besonderheit in der Jugend und rebellischen Haltungen der erwachsener Werdenden hat sich das Leben der Courage durch die Geburt zweier Kinder, die Notwendigkeit des Lebensunterhaltes und das Festhalten am Streben nach Höherem, doch der Absage an einen lenkenden Gott zum selbstergriffenen, tendenziell in seiner Einfachheit gleichförmigen Dasein hin gewandelt. Die Gestaltung der Strophen zeichnet sich durch die vielfach verwendeten Sprichwörter und Redensarten aus, durch die grundsätzliche Lebenshaltungen und Lebensweisheiten in ihrer Allgemeinheit verdeutlicht werden. Dabei heben sich die zitierten Spruchweisheiten wechselseitig oft auf und verweisen damit auf die Wechselhaftigkeit ihres Schicksals.

»Reizvoll ist die Spannung zwischen dem Motorischen der Handlung und dem retardierenden Element des Liedes zu beobachten im ›Lied von der großen Kapitulation‹ […], das die Courage dem wartenden Soldaten zusingt, selbst mit einer Beschwerde auf Anhörung wartend. Das Lied wirkt dann unmittelbar dramatisch, indem es den Mitspieler aktiviert, nachdem es zuvor im Kontrast zu seiner Passivität stand. Aber wozu ›aktiviert‹ es ihn? Zur Passivität: er geht ab und resigniert, ihm fehlt der ›große Zorn‹.«[41]

Lied eines Soldaten (67). Vier mal drei Zeilen, deren erste und letzte um die gleich bleibende mittlere Zeile »Ein Reiter hat kein Zeit« kreisen, machen das Lied des Soldaten aus, das die Überlegungen der Courage und des Feldpredigers zu den Motiven der Kriegsbegeisterung vor der Schenke thematisch aus anderer Perspektive fortsetzt und auch kontrastiert. Die letzte Zeile kennzeichnet mit der Verwendung des Modalverbs »muß« die Aufgaben des Soldaten, vom Streiten für den Kaiser über das Reisen nach Mähren, das fürs Militär Angeworben-sein-Wollen und schließlich den Tod für den Kaiser. Die erste Zeile stellt mit Schnaps, Brust des Weibes, Spiel und Religion die Bedürfnisse des Soldaten dar.

Lied der Courage über den Krieg (75). Bis auf wenige gesprochene Sätze besteht Szene sieben aus dem Lied mit seinen beiden Strophen (vier bzw. acht Zeilen, weitestgehend Kreuzreim). Es stellt den Vorteil des Krieges für die Starken dar; wie Mutter Courage sagt, seien die Schwachen auch im Frieden hin, doch der Krieg nähre seine Leute besser. Salopp bringen kurze Formeln in der ersten Strophe das tödliche Geschäft auf den Punkt: »Der Krieg ist nix als die Geschäfte. / Und statt mit Käse ists mit Blei.« Die zweite Strophe stellt das Streben nach Leben auch im Krieg heraus, das von falschen Maximen (der Seßhaften) hin zum frühen Tod geprägt ist. Im Gesamtzusammenhang dient das Lied der Rechtfertigung des Handelns und des Durch-die-Lande-Ziehens, das Mutter Marketenderin und Tochter praktizieren.

Lied von der während des Krieges umherziehenden Courage (89). Der flotte Kreuzreim der von Mutter Courage vorgetragenen acht Zeilen, die das Lied ausmachen, verdeutlicht den auffordernden Charakter des Inhalts, der einerseits wie ein Motto das Selbstverständnis der Courage in Kriegszeiten verdeutlicht (Zeilen 1, 2), andererseits die dazugehörige Begeisterungsfähigkeit bis hin zur Opferbereitschaft der Soldaten im Sinne der Geschäftsvoraussetzungen von Marketenderin und Soldaten fast schon anmahnt.

»Das Lied von Salomon, Julius Cäsar und andere große Geister« (93). Vortrag des in »Moritat-Form«[42] gehaltenen Liedes: Mutter Courage und Koch. Den Anlass für das Lied formuliert der Koch mit dem Hinweis darauf, dass auch den Größen das Lied bzw. Tugenden nichts genutzt hätten und deshalb Ähnlichkeit mit ihnen, den ordentlichen

Leuten, bestünde, die es auch schwer hätten, durchzukommen. Brecht wendet mit diesem Song nochmals die »Technik der Historisierung«[43] an.

Die Großen und die Tugenden

Strophe eins mahnt das Beispiel Salomons an, dessen Weisheit – die hier im Vordergrund stehende Tugend – ihn so weit gebracht habe. Die Tugenden der **Weisheit** seien alle nichts gegenüber angenehmem Leben und Essen, so die Quintessenz der ersten Strophe (zehn Zeilen). Strophe zwei macht die Kühnheit Cäsars zum Thema und stellt sie dessen Schicksal, dem Mord auf dem Thron, gegenüber, um der **Kühnheit** mit den geschilderten Folgen eine Absage zu erteilen. Ehrlichkeit bzw. **Redlichkeit** sind Thema von Strophe drei, die den an dieser Tugend festhaltenden Sokrates hin zum Tod durch den Schierlingsbecher schildert, um auch dieser Tugend eine Absage zu erteilen. **Selbstlosigkeit** sei, so Strophe vier, die Tugend des heiligen Martin gewesen, doch auch sie hätte nur zu seinem Tod und dem des armen Mannes geführt, was als Argument gegen diese Tugend hinreiche. Der zwischen den Strophen stehende Kommentar resümiert: »Denn die Tugenden zahln sich nicht aus, nur die Schlechtigkeiten, so ist die Welt und müßt nicht so sein«(95). Die letzte Strophe, fünf, stellt den Bezug zur Situation der Vortragenden her und gibt schließlich die **Gottesfurcht** der Kritik frei, denn auch sie habe alle bisher nur so weit geführt, dass sie immer tiefer gesunken seien und hungerten. Die Szene nimmt das Lied auf, indem eine Stimme symbolisch von oben kommend formuliert: »Ihr da! Kommt herauf! Eine Brennsupp könnt ihr haben« (96).

Vordergründig hat der Song die Funktion, »das Verhalten des Kochs durch den Hinweis auf die Beschaffenheit der Welt zu rechtfertigen: die Verhältnisse erlauben es ihm nicht, tugendhaft zu sein, wenn er sich nicht selbst ruinieren will. Im Zusammenhang des Stückganzen aber muß der Versuch des Kochs, sich und die Courage als Opfer der Tugend auszuweisen, befremdlich wirken: sie sind nicht Opfer eines unabänderlichen Weltgesetzes, sondern des Krieges, in den sie um des eigenen Vorteils willen einstimmen und der durch solche Einstimmung überhaupt erst ermöglicht wird. Das Publikum soll sie nicht als Opfer, sondern als Mitschuldige erkennen. [...] Zugleich wirkt der Song als Beleg für das Geschick Eilifs, der an seiner Kühnheit, Schweizerkas', der an seiner Redlichkeit, Kattrins, die an ihrer Selbstlosigkeit zugrundegeht, und im weiteren Verlauf für das Geschick der Courage; sie leistet sich die Tugend, um Kattrins willen das Angebot auszuschlagen, verzichtet dadurch auf die vom Koch angebotene Sicherheit und wird selbst zum Opfer dieser Tugend.«[44] »Der im Salomon-Song fünfmal vorkommende Vers ›Beneidenswert, wer frei davon‹ provoziert, indem er das Gute als menschliches Verhaltensprinzip in Frage stellt, das Nachdenken über die Ermöglichung des Guten, führt zur Skepsis gegen die bestehende Weltordnung [als von Menschen errichteter Ordnung] und zur Einsicht in die Notwendigkeit ihrer Veränderung.«[45]

Bauernlied (98). Grundlegende Struktur der Szene, deren Wortbeitrag nur aus den durch ein uneinheitliches Reimschema verbundenen zwei Strophen à sieben Zeilen besteht, ist der Gegensatz von Umherziehenden und Seßhaften. Der umherziehenden Courage begegnet eine Stimme aus einem Bauernhaus als Vertreterin der Seßhaften. Thema der ersten Strophe ist die Schönheit einer Rose, ihre Blüte und der Vorteil eines eigenen Gartens, Thema der zweiten der Nutzen eines eigenen Daches über dem Kopf, das Schutz vor Witterung bietet. Indirekt verdeutlicht sich durch diese Szene die unterschiedliche Interessenlage beider Typen im Krieg.

Kinderlied der Courage (106). Tragisch erscheint der Gegensatz des von der Courage gesungenen Kinderlieds: Wiegenlied (als das es sich mit der ersten Zeile ausweist) und Schlaflied für das tote Kind Kattrin. Doppelt gebrochen wird dieser Gegensatz durch den Inhalt des Liedes, das Ungerechtigkeit in der Verteilung von Gütern schon in der Wiege konstatiert (und das im Rückblick das eigentliche mütterliche Streben der Courage nach einem guten Lebenslos für ihr Kind ausweist, an dem beide – bis auf das sozialhumanitäre Opfer[46] der Kattrin – gescheitert sind). Die Zeilen sind mit Unterbrechung vom Kreuzreim zusammengehalten. »Den besonderen dramatischen Effekt bekommt das Lied, wenn man seine Aussage näher betrachtet. Courage hat ihr Kind dem Kriege ausgesetzt, weil sie hoffte, ein Geschäft zu machen. Krieg aber bedeutet Tod. Die beiden letzten Zeilen sprechen es aus, nachdem sie zuvor von dem gesungen hat, was sie doch eigentlich ihrem Kinde nicht gegeben hat: frohes Leben, Seide, Torte. Die Courage, das zeigt das Lied hier an, weiß in diesem bitteren Moment mehr, als sie begreifen kann. Sie ist zwar sehend, aber nicht lernend in dieser Katastrophe. Lernen aber soll der Zuschauer an diesem Ergebnis selbst: es fehlt das Song-Emblem.«[47]

Abschließendes Lied der Soldaten, denen sich Mutter Courage anschließt (107). Der Abgesang, das letzte Lied des Stückes, nimmt quasi als dritte Strophe und mit dem Refrain das erste Lied der Courage wieder auf. Inhaltlich stellen die acht Zeilen vor dem Refrain den Fortgang des Krieges, der nunmehr auf hundert Jahre taxiert wird, heraus. Dabei bleibt als Quintessenz nur der Widerspruch vom Verlust, den der Krieg für alle mit sich bringt, und der gleichzeitigen, für den Zuschauer wohl eher fraglichen Hoffnung der Courage auf Wunder. Dem Zuschauer obliegt die eigene Urteilsfindung, Argumente hat er aus allen Richtungen erhalten.

Zu Sprache und Stil

Die Protagonisten bedienen sich teilweise **elliptischer Formen** der **Umgangssprache**, die **erlebnisnah** und authentisch wirkt, aber auch zu **kritischer Distanz** auffordert, teilweise der **Hochsprache**. Syntaktische Besonderheiten lassen sich wie folgt beschreiben: »Die entscheidenden sprachlichen Mittel aber sind syntaktischer Art. Es gibt, dem logischen Sinn nach, sehr wohl Satzgefüge und Satzverbindungen, aber die Nebensätze und eingeordneten Hauptsätze werden meist nicht auf die herkömmliche, schriftdeutsche Weise eingebunden, nicht einem glatten Verlauf des Satzgebildes dienstbar gemacht, sondern sie treten markant, wie knappe Hauptsätze hervor, gegen den vorhergehenden oder nachfolgenden Satz gestellt. Es heißt also nicht: Die Lage der armen Leute ist verzweifelt, deshalb brauchen sie Mut, um in der Frühe aufzustehen. Es müßte ihnen doch eigentlich sinnlos erscheinen, im Kriege noch einen Acker umzupflügen – sondern: *Die armen Leut brauchen Courage. Warum, sie sind verloren, schon daß sie aufstehn in der Früh, dazu gehört was in ihrer Lag. Oder daß sie einen Acker umpflügen, und im Krieg!* Hauptsätze werden noch einmal zerteilt in gegeneinander gesetzte Positionen: *Heeresgut nehm ich nicht. Nicht für den Preis.* Statt der

Syntaktische Besonderheiten

logischen Abfolge wird eine spannungsreiche Präsentation vorgezogen, etwa so, daß das Resultat voransteht und die Begründung nachfolgt. (*Weil ich ihm nicht trau, wir sind befreundet.*) Fragesätze spannen die Rede: der Fragende zeigt seine Beweglichkeit und bezieht die Zuhörer darin ein, indem er selbst die Antwort gibt. (*Wer ist besiegt? Die Sieg und Niederlagen der Großköpfigen oben und der von unten fallen nämlich nicht immer zusammen.*)«[48]

Antithesen und Dialektik

Antithetische Dialoge erlauben die pointierte Gegenüberstellung von Auffassungen. Als **dialektisches Prinzip** lässt sich dabei die wechselseitige Analyse der Existenzbedingungen des jeweiligen Gegenübers durch den Gesprächspartner ausmachen. Mit dem Aufbau von Aporien und deren Auflösung im praktischen Lebensvollzug auf der Bühne sieht sich der Zuschauer der Widersprüchlichkeiten der Figuren und der Kriegssituation ausgesetzt und zum Nachdenken aufgefordert. **Paradoxe Redeweisen** gehören ebenfalls zum Repertoire des Stücks, so mit der Umkehrung der Werte im Folgenden: »Man merkts, hier ist zu lang kein Krieg gewesen. Wo soll da Moral herkommen, frag ich? Frieden, das ist nur Schlamperei, erst der Krieg schafft Ordnung. Die Menschheit schießt ins Kraut im Frieden. […] Nur wo Krieg ist, gibts ordentliche Listen und Registraturen, kommt das Schuhzeug in Ballen und das Korn in Säck, wird Mensch und Vieh sauber gezählt und weggebracht, weil man eben weiß: Ohne Ordnung kein Krieg!« (7f.)

Aporien und Paradoxien

Ironie

Antithetische Darstellungen können **ironisch** wirken: »Ich bin eigentlich Seelsorger und nicht Holzhacker. / Ich hab aber keine

Seel. Dagegen brauch ich Brennholz« (69). Der Einsatz von Ironie verdeutlicht und verstärkt Eindrücke: »Ich sag: daß der Krieg einmal aufhört, ist nicht gesagt. Es kann natürlich zu einer kleinen Paus kommen. Der Krieg kann sich verschnaufen müssen, ja, er kann sogar sozusagen verunglücken. Davor ist er nicht gesichert, es gibt ja nix Vollkommenes allhier auf Erden. Einen vollkommenen Krieg, wo man sagen könnt: an dem ist nix mehr auszusetzen, wirds vielleicht nie geben« (66).

Wiederholt werden Situationen als **grotesk** skizziert, was auch Unterhaltungswert erzeugt, so in Szene 2, als Mutter Courage den Kapaun und der Koch den Ochsen charakterisiert: »ich hab ihn persönlich gesehn« (21).

Die Entdeckung auch der sprachlichen Mittel als Mittel des epischen Theaters bleibt wiederum Aufgabe des Zuschauers.

Episches Theater

Episches Theater vs. antikes Drama

Mutter Courage ist eines der Stücke Brechts, in denen die Konzeption des epischen Theaters zum Tragen kommt. Das epische Theater, ein von Brecht seit 1926 für sein eigenes Theater und bereits »1924 im Zusammenhang mit Erwin Piscators experimentellen Inszenierungen in Berlin«[49] benutzter Begriff, ist ein(e) **Theater(theorie), gegen das herkömmliche**, mit dem Namen des **Aristoteles** verbundene **Drama,** das auf **Katharsis**, Reinigung des Zuschauers von/durch Schuld und Sünde mittels **Identifikation** und **Empathie** gerichtet ist. Es soll durch Erzeugen von **Distanz und Verfremdung** den Zuschauer zu **kritischem Verhalten** gegenüber Bühne und dem Dargestellten anhalten, »kritischer Abstand und eine wache, zu Einsichten und Aktionen drängende Haltung«[50] sind konstitutiv, womit ein tendenziell **didaktischer Grundzug** des epischen Theaters angesprochen ist. (»Das Didaktische war für Brecht wie das Dialektische immer auch eine genußvoll-vergnügliche ästhetische Erfahrung, ja eine der menschlich genußvollsten und vergnüglichen überhaupt.«[51]) Das epische Theater kehrt die Funktionen des dramatischen Theaters quasi um. »Das dramatische Theater ist ›Illusionstheater‹. Der Darsteller wird, so weit die Schauspielkunst das ermöglicht, mit der dargestellten Figur identisch. Er regt die Zuschauer nicht zu kritischem Nachdenken über sein Tun an, dieses entwickelt sich nach unabänderlichen Gesetzen. Die Herrschenden haben den Beherrschten ihren Sittenkodex, der Werkzeug zur Erhaltung ihres Besitzes und ihrer Macht ist, aufgezwungen, bis ihre Ideologie auch den unteren Schichten als allgemein und ewig gültige Norm eingegangen ist. Die Gesellschaft ist von Tabus eingeschlossen, an denen der einzelne vergeblich rüttelt, mögen diese nun mythisch, religiös oder ethisch verbrämt auftreten. Man denkt nicht nach über das Bühnengeschehen, man nimmt es als Notwendiges. Das **epische Theater** dagegen **kehrt die Funktion um**. Sein **Zuschauer soll zum Gegenspieler des Darstellers auf der Bühne** werden. Die scheinbar vierte Wand, die Bühne und Zuschauerraum trennt, wird gewissermaßen aufgehoben. Der Zuschauer wird sich nicht bedingungslos und ohne kritische Einstellung dem Bühnengeschehen hingeben. […] Es gibt für Brecht keinen schlechteren Schauspieler als den, der völlig mit seiner Rolle eines wird.«[52] Diese Umkehrung hat natürlich Konsequenzen für das Verhalten des Schauspie-

Didaxe des epischen Theaters

Aufhebung der »vierten Wand«

lers. »Als unabdingbare Voraussetzung für die angestrebte Distanz des Zuschauers hat der Schauspieler im epischen Theater ferner jede restlose Verwandlung in die darzustellende Figur zu vermeiden, sie vielmehr als Dargestellte mit den Spuren seiner eigenen Aneignungsweise (Überführung der Rede in die dritte Person, Zitatcharakter der Sprache etc.) zu erfassen.«[53] Auch in der äußeren Form vollzieht sich mit der Brecht'schen Konzeption des epischen Theaters ein Wandel. »Das epische Theater bedeutet natürlich auch eine Lockerung, eine weitgehende **Auflösung der Form**. In losen, offen gereihten **Einzelbildern** soll etwas gezeigt (und, episch eben, **erzählt**) werden, was nachdenklich macht. Dazu braucht es keiner geschlossenen Form, keiner inneren dramaturgischen Einheit, ja, diese wäre geradezu geeignet, das Publikum aus dem Zustand kritischer Betrachtung zu reißen, es zu illusionieren, in Bann zu schlagen, statt zu kritischer Distanz vom Bühnengeschehen zu innerer Teilnahme zu bewegen.« [53] Ein wesentlicher Bestandteil der neuen Konzeption vom Theater ist die Einbindung eines **Verfremdungseffekts**. »Das künstlerische Mittel, diese **stete Distanz zwischen Publikum und Bühne** zu wahren und gleichzeitig den **Zuschauer zum kritisch wachsamen und nachdenklichen Partner des Schauspielers** zu machen, ist die Verfremdung, der Verfremdungseffekt, von Brecht – vielleicht in der Absicht, die allgemeine Abkürzungswut zu persiflieren – **V-Effekt** genannt.«[55]

Auflösung der Form

V-Effekt

Hilfreich ist es, sich die klassische und die neue Konzeption des Theaters in Tabellenform vor Augen zu führen. Brecht selber hat eine entsprechende Gegenüberstellung in den Anmerkungen zu *Mahagonny* geleistet:

dramatische Form	**epische Form**
handelnd	erzählend
verwickelt Zuschauer in ein Bühnengeschehen.	macht Zuschauer zum Betrachter
verbraucht seine Aktivität	aber weckt seine Aktivität
ermöglicht ihm Gefühle	erzwingt von ihm Entscheidungen
Erlebnis	Weltbild
der Zuschauer wird in etwas hineinversetzt	er wird ihm gegenübergestellt
Suggestion	Kritik
der unveränderte Mensch	der veränderliche und unveränderte Mensch
Wachstum	Montage
Der Mensch als Fixum	Der Mensch als Prozeß
Gefühl	Ratio[55]

Mutter Courage *als episches Theater*

Was macht nun das epische Theater am Stück *Mutter Courage und ihre Kinder* aus? Welche epischen Elemente lassen sich beschreiben? Was wird wie verfremdet dargestellt? Neben dem vom klassischen Dramenaufbau mit drei oder fünf Akten und einem die Akte umfassenden dramatischen Spannungsbogen abweichenden **formalen Aufbau** in 12 Bildern, die »eine lähmende Wiederkehr des Gleichen, das scheußliche Bild eines immer weiter sich dehnenden, wollüstig in sich selber kreisenden Kriegs, der zudem von Mal zu Mal auf eine tiefere Ebene hinabgesunken scheint«[56], bieten, ist die Einbindung der **Songs**, die ihrerseits zumeist in einem dialektischen Verhältnis zur Handlung stehen, anzuführen. Generell lassen sich die vielen, auf unterschiedlichen Ebenen bereits beschriebenen **Widersprüchlichkeiten**, die sich oft **in dialektischer Form** darbieten, als **Element der Verfremdung** und eben auch als zum **Selbstdenken des Zuschauers**, dem fertige Lösungen vorenthalten werden, anregend beschreiben.

7. Leben und Werk Bertolt Brechts

Die Lebensdaten Brechts lassen sich mit seinen Hauptaufenthaltsorten in mehrere Etappen fassen[57]: **Augsburg, München**: 1898–1924, 1918–24, zusätzlich mit Aufenthalten in **Berlin**, das von 1924 bis 1933 zum Hauptaufenthaltsort wird. Unmittelbar nach dem Reichstagsbrand verlässt Brecht Deutschland und Berlin, bis 1941 hält er sich in **Dänemark, Schweden** und **Finnland** auf, von 1941 bis 1947 ist er in den **USA**. Nach dem Aufenthalt in der **Schweiz** 1947/48 lebt er in **Ostberlin**.

Hauptaufenthaltsorte

10.2.1898 geboren als erstes Kind des Direktors einer Augsburger Papierfabrik, der Vater stammt aus dem badischen Achern, die Mutter aus Württemberg.

1914/15 Erste Verse und Prosa. Neben Tagebuchaufzeichnungen und Beiträgen in Schülerzeitungen finden sich in der Zeit scharfer Pressezensur zunächst zeitgemäß chauvinistische Zeitungsartikel von Brecht.

1917 Notabitur. Jugendlieben. Freundschaften. Stückeprojekte.

1917/18 Studium an der Philosophischen Fakultät in München, ab 1918 zusätzlich Medizin. *Baal* entsteht als Reaktion auf das Erfolgsstück des Münchener Dramatikers Hanns Johst *Der Einsame*.

1918 Herbst: Militärdienst als Sanitätssoldat im Augsburger Seuchen-Lazarett.

1919 Brecht wird Vater eines Kindes von Paula Banholzer: Frank Banholzer.

1919–21 ist Brecht u. a. Lokalfeuilletonist bei der Augsburger Tageszeitung. Reisen nach München.

1919–23 Fortsetzung des Studiums in München, *Spartakus*, später ***Trommeln in der Nacht***, entsteht. Politisch sonst distanziert interessiert.

1920/21 Versuche, im Berliner Theaterbetrieb Fuß zu fassen. Weitere Gedichte. Tagebuchaufzeichnungen.

1922 erscheinen die ersten 800 Exemplare von ***Baal*** bei Kiepenheuer in Potsdam. Umarbeitungen begonnener Stücke. Arbeit an *Im Dickicht*, *Die Päpstin Johanna*, Gedichte, auch veröffentlichte Kurzprosa; lernt durch Arbeit und Freundschaft (und Zerwürfnisse) einflussreiche Menschen kennen. Kleistpreis für die Stücke *Trommeln in der Nacht* (Uraufführung), *Baal* und *Im Dickicht*. Brecht heiratet die schwangere Marianne Zoff.

1923 Dramaturg an den Münchener Kammerspielen, dort von Tumulten gefolgte Uraufführung von *Im Dickicht*.

1924 Zusammen mit Helene Weigel Sohn Stefan. Italienreise mit Marianne Zoff. Verschiedene Inszenierungen. Sommeraufenthalt in Augsburg. *Hauspostille* in Arbeit. In Berlin zusammen mit Carl Zuckmayer Dramaturg bei Max Reinhardt am Deutschen Theater, in den folgenden Jahren verschiedene Inszenierungen.

1924/25 Arbeit an *Galgei* (später: *Mann ist Mann*, Uraufführung 1926 in Darmstadt), Übersetzungen, Kurzprosa, Berichte.

1926/27 ff. Beschäftigung mit dem dialektischen Materialismus.

1927 Im Mai Uraufführung des Songspiels ***Mahagonny*** (in Baden-Baden), Vertonung von Kurt Weill. Brecht beginnt mit der Ausarbeitung eines Opernstoffes zu ***Aufstieg und Fall der Stadt Mahagonny***.

1928 Premiere ***Mann ist Mann*** mit Helene Weigel und Heinrich George in Berlin. Uraufführung der ***Dreigroschenoper*** zur Einweihung des Berliner Theaters am Schiffbauerdamm. 1928 Wettbewerbspreis der *Berliner Illustrierten Zeitung* für die beste Kurzgeschichte *Die Bestie.* Brecht als Diskussionsteilnehmer über Klassikerinszenierungen, als Regisseur, als Autor, so für *Lindberghflug. Ein Radio-Hörspiel für die Festwoche in Baden-Baden.*

1929 Heirat mit Helene Weigel, Scheidung von Marianne Zoff bereits 1927. Häufige Treffen mit Walter Benjamin. Gedichte zu Dramen Elisabeth Hauptmanns wie *Der Bilbao-Song*, *Das Meer ist blau-Song*, *Mandelay Song* oder der *Surabaya-Jonny*.

1930 Uraufführung von *Aufstieg und Fall der Stadt Mahagonny* in Leipzig. Manuskript für *Die heilige Johanna der Schlachthöfe* und *Die Dreigroschenoper.* Mit den Stücken *Der Jasager*, *Der Neinsager* und *Die Maßnahme* Fortsetzung des in Baden-Baden eingeführten Dramentyps des Lehrstücks. Tochter Barbara, das zweite Kind mit Helene Weigel. Seit 1930 erscheinen die **Hefte *Versuche*** zunächst bis Heft 7/1933, u. a. mit *Geschichten vom Herrn Keuner*.

1932 Drehbuch zum Film ***Kuhle Wampe oder Wem gehört die Welt?***, der zunächst verboten wurde. Nach Zensurschnitten Premiere 1932, Aufführungen in Moskau und Berlin. Heft 5 der *Versuche*: ***Die heilige Johanna der Schlachthöfe***; Überarbeitung fremder Stücke: *Die Mutter* (Gorki), *Maß für Maß* (Shakespeare), das zu ***Die Rundköpfe und die Spitzköpfe*** wird.

1932/33 besucht Brecht Vorlesungen von Karl Korsch (Studienzirkel Kritischer Marxismus).

1933 Ab Februar, Flucht über Prag, Wien – Aufenthalte in Zürich –, das Tessin, Paris nach Dänemark (Juni 1932), von Sommer 1932 bis 1939 lebt er mit Familie und Freunden bei Svendborg. Dort empfangen sie ebenso Gäste, Hanns Eisler, Walter Benjamin (1934, 1936, 1938), Karl Korsch (1935) wie Brecht sich auf die Reise zu Freunden und Arbeitskollegen nach London (1934, Emigrantentreffen), Moskau (1935), Paris (1935) begibt; dort Teilnahme am Internationalen Schriftstellerkongress für die Verteidigung der Kultur. Wortbeitrag: *Eine notwendige Feststellung zum Kampf gegen die Barbarei.*

1934 Abschluss des in Klausur geschriebenen ***Dreigroschenromans.*** Brecht verfasst *Dichter sollen die Wahrheit schreiben* als Antwort auf eine Umfrage des *Pariser Tageblatts* nach der *Mission des Dichters 1934*, der Beitrag wird später zu den ***Fünf Schwierigkeiten beim Schreiben der Wahrheit*** ausgearbeitet.

1935 Erster USA-Aufenthalt, Inszenierung des Stückes *Die Mutter.*

1936 Erneute Teilnahme an einer Schriftstellerkonferenz in London. Uraufführung von *Die Rundköpfe und die Spitzköpfe* in dänischer Sprache in Kopenhagen.

1937 Politisches Engagement als Schriftsteller anlässlich des spanischen Bürgerkrieges. An einem Kongress, der in Valencia und Madrid begonnen wird, nimmt Brecht auf seiner dritten Station in Paris teil und hält seine *Rede zum II. Internationalen Schriftstellerkongreß zur Verteidigung der Kultur.* ***Die Gewehre der Frau Carrar*** entsteht und wird im Oktober uraufgeführt. Erneuter Aufenthalt in Paris zu einer französischen Inszenierung der *Dreigroschenoper.* In Dänemark Beginn der Arbeiten an ***Furcht und Elend des Dritten Reiches*** (erste Szenen werden 1938 in Paris uraufgeführt) und an ***Die Geschäfte des Herrn Julius Caesar***, einem spätestens 1938 zum Roman umgewandelten Stück.

1938 Uraufführung der Szenenfolge *Furcht und Elend des Dritten Reiches* unter dem Titel *99%. Bilder aus dem Dritten Reich* in Paris. Fortlaufende Beiträge zur *Expressionismusdebatte*, die Georg Lukács in der von Brecht, Willi Bredel und Leon Feuchtwanger herausgegebenen Zeitschrift *Das Wort* angeregt hat. Im November Beginn von ***Leben des Galilei***.

1939 Vor dem unter deutschem Druck zustande gekommenen deutsch-dänischen Nichtangriffspakt (31. 5. 1939) Reise nach Stockholm, bis 1940 Aufenthalt in Schweden. Im Jahr zahlreicher Selbstmorde verfolgter und verzweifelter Intellektueller[58] Fortsetzung der Arbeiten an ***Der gute Mensch von Sezuan***. Im Herbst schreibt Brecht, unter dem Eindruck des Franco-Sieges über die republikanischen Truppen in Spanien im Frühjahr, dem Hitler-Stalin Pakt und dem Beginn des Zweiten Weltkriegs die erste Fassung von ***Mutter Courage und ihre Kinder***, gefolgt von ***Das Verhör des Lukullus***.

1940 Nach dem Einmarsch deutscher Truppen im Frühjahr in Dänemark und Norwegen, ziehen Brechts aus dem schwedischen Asyl weiter nach Finnland, zunächst nach Helsinki, dann, für die Zeit von Sommer bis Herbst, auf Einladung weiter nordöstlich nach Marlebäck. Dort entsteht ***Herr Puntila und sein Knecht Matti***. Weiterarbeit an den ***Flüchtlingsgesprächen*** wieder in Helsinki.

1941 Fertigstellung von *Der gute Mensch von Sezuan*, erste Fassung von ***Der aufhaltsame Aufstieg des Arturo Ui.*** Nach einem Jahr Finnlandaufenthalt sind die Papiere für die Ausreise in die USA da, der im Mai begonnene Weg führt über Leningrad und Moskau, mit der transsibirischen Eisenbahn über Wladiwostok und mit einem schwedischen Frachter über Manila nach Los Angeles, Kalifornien (Juli 1941). Brecht verbringt die Zeit in den USA an der Westküste mit anderen Emigranten, Freunden, Mitarbeitern, Schriftstellern und Künstlern. Er versucht, trotz Sprachschwierigkeiten, auch durch Mitarbeit an Drehbüchern beim Film Geld zu verdienen, die Grundlage für den Film *Hangmen Also Die! (Auch Henker sterben!)* stammt von Brecht. Weitere, auch dramatische Texte entstehen (*Caesars letzte Tage, Die seltsame Krankheit des Herrn Henri Dunant, Die Gesichte der Simone Machard*). Uraufführung des Exilstücks *Mutter Courage und ihre Kinder* im Zürcher Schauspielhaus (ohne Brecht).

1943 Erstmaliger Aufenthalt in **New York**, Plan für *Schweyk* und eine Inszenierung des *Guten Menschen von Sezuan,* Weiterarbeit an *Simone Machard*, in Übersetzung erscheint der Roman 1944, der avisierte Film wird nie realisiert. Die Uraufführungen von *Der gute Mensch von Sezuan* und ***Leben des Galilei*** (Zürcher Schauspielhaus, ohne Brecht) finden statt.

1944 Erste und zweite Fassung von ***Der kaukasische Kreidekreis*** ist fertig. Mit Ruth Berlau der bald nach der Geburt sterbende Sohn Michel. Beginn der Arbeit an der amerikanischen Fassung des *Galilei*, Versifizierung des *Kommunistischen Manifests.*

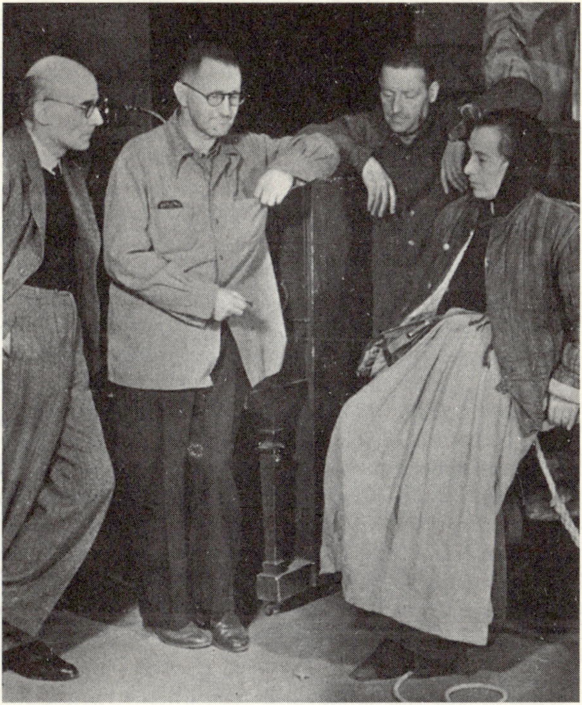

Bertolt Brecht bei der Arbeit an Mutter Courage: *Erich Engel, Brecht, Paul Dessau, Helene Weigel*

Foto: Abraham Pisarek. © Ruth Gross, Berlin

1945 New York-Aufenthalt, englischsprachige Aufführung von *Furcht und Elend des Dritten Reiches.*

1945/46 Korrespondenzkontakte mit in Deutschland verbliebenen Familienmitgliedern, Freunden, Verlegern. Pläne für eine Rückkehr nach Dänemark oder, wie 1946 angekündigt, in die Schweiz. Papiere für die Ausreise in die Schweiz liegen 1947 vor.

1946 Weiterer Aufenthalt in New York, Boston.

1947 Uraufführung des *Galilei* am Coronet Theatre von Beverly Hills. Verhör durch das Komitee zur Bekämpfung unamerikanischen Verhaltens in Washington als Kampagne gegen die »›kommunistische Infiltration‹« der amerikanischen Filmindustrie[59]. In Zürich, in Zusammenarbeit mit Freunden, Vorbereitung und (1948) Aufführung einer *Antigone*-Bearbeitung, Treffen mit Max Frisch.

1948 Regiearbeit und Uraufführung von ***Herr Puntila und sein Knecht Matti.*** Reise über Salzburg und Prag nach Berlin, dort Beginn der Proben zu ***Mutter Courage und ihre Kinder*** bis zur Berliner Premiere zu Beginn des Jahres 1949.

1949 Dem staatenlosen Brecht geht es für Reisen nach »Berlin, München oder Salzburg, durch verschiedene Besatzungszonen oder andere Staaten«[60] immer wieder um Papiere. 1950 bekommen Brechts schließlich wegen der ehemaligen österreichischen Staatsbürgerschaft Helene Weigels österreichische Pässe.

1949 Gründung des (Neuen) Berliner Ensemble mit Brecht als künstlerischem Leiter und Helene Weigel als Intendantin. Fester Aufführungsort ist das Deutsche Theater, offizielle Eröffnung Ende 1949 mit *Herr Puntila und sein Knecht Matti,* ein Text- und Bildband

»*Theaterarbeit. 6 Aufführungen des Berliner Ensembles (Hg. Helene Weigel, Berliner Ensemble. Dresden 1952)* dokumentiert die Stücke […]«[61]. 1949 Veröffentlichung von *Antigonemodell 1948* mit Fotos der Zürcher Aufführung. Beim Weiß-Verlag in Westberlin erscheinen die *Kalendergeschichten*, Brecht sucht Kontakte mit dem Aufbau-Verlag (Ostberlin), mit Kurt Desch (München, amerikanische Zone) wegen einer Ausgabe des *Dreigroschenromans*, mit Suhrkamp wegen Fortsetzung der *Versuche*. Ein Sonderheft *Bertolt Brecht* der Zeitschrift *Sinn und Form* erscheint.

1950 Brecht wird Gründungsmitglied der Deutschen Akademie der Künste in Berlin.

1951 Die Oper *Das Verhör des Lukullus*, die Brecht als Überarbeitung des Radiostücks aufführen will, wird zunächst vom Sekretariat des ZK bis auf eine öffentliche Probe, die bei Westberliner Kritikern auf positive Resonanz stößt, verboten, eine geänderte Fassung mit abgewandeltem Titel darf gespielt werden.

1952 Brecht wohnt und lebt in Buckow, dort auch Auseinandersetzung um Stanislawski und das Stanislawski-Inszenierungssystem.

1953 wird Brecht Vorsitzender des deutschen PEN-Zentrums Ost und West, mischt sich in die Debatten zum 17. Juni, doch »er bleibt ein machtloser, weil parteiloser Funktionär letzlich wenig bedeutsamer Institutionen wie der Akademie der Künste oder des Friedensrates«[62].

1954 Umzug des Berliner Ensembles in das Theater am Schiffbauerdamm. Gastspiele des Berliner Ensembles mit *Mutter Courage und ihre Kinder* in Brügge, Amsterdam und Paris. Internationaler Stalinpreis für die Festigung des Friedens unter den Völkern, die Entgegennahme 1955 in Moskau gibt in Westdeutschland Anlass zu Protesten, wie die Absetzung eines Gastspiels des Frankfurter Schauspiels in Recklinghausen mit *Der kaukasische Kreidekreis*. Das Berliner Ensemble führt daraufhin den *Kreidekreis* in Paris auf.

1955 Vorbereitung einer *Galilei*-Inszenierung.

1956 Im August stirbt Brecht in Berlin.

8. Rezeption

Die Uraufführung des im Exil entstandenen Stücks *Mutter Courage und ihre Kinder* findet am 19. April **1941** im Zürcher Schauspielhaus statt.[63] Bernhard Diebold formuliert am 22. April **1941** in seiner differenzierten Kritik der Uraufführung in *Die Tat* (Zürich): »Es ist ein Greuelbild des Krieges, ohne Verklärung durch Ehrenruhm oder geistliches Bekenntnis und – unter betonter Distanzierung des Dichters – *von unten* gesehen: aus der Froschperspektive.«[64] Seine Kritik, die das Stück als »Prüfung der Kreatur zwischen Schandtaten und Opfern«[65] herausstellt (»Eine grauenhafte Umkehrung der humanen Werte wird offenbar aus den Worten des Feldwebels: ›Man merkt's, hier ist schon lange kein Krieg gewesen. Was soll da Moral herkommen? frag' ich. Frieden, das ist nur Schlamperei. Erst der Krieg schafft Ordnung. Die Menschheit schießt ins Kraut im Frieden. Jeder frißt, was er will … Ohne Ordnung kein Krieg!‹«[66]), richtet sich unter anderem gegen die **fehlende Willensfreiheit**, das deterministische ›Muss‹ als Grundzug der Handlung, das einer Freiheit des Handelns entgegengerichtet ist. »Und der Dichter Bertolt Brecht folgt ihr in wahlverwandter Unfreiheit des Willens auf den Karrenspuren, und folgert aus der Vagabunden-Ethik stillschweigend eine Weltanschauung für uns alle.«[67] Ebenfalls über die Uraufführung geht die sich sehr nah an die Ereignisfolge auf der Bühne und die Figur der Courage haltende Kritik von Elisabeth Thommen in der Baseler *National Zeitung* vom 22. April 1941: »Kaleidoskopartig rollen die Einblicke in verschiedene Lebensepochen einer Marketenderin an uns vorüber, packen, fesseln, ergreifen!«[68]

Uraufführung

»Am Schluß des Stückes zieht Mutter Courage, von jeder Hilfe entblößt, aber ungebrochen – wie Millionen von Müttern der Gegenwart! – neu hinaus in das harte Leben. Ein erschütterndes Schlußbild, wie die Altgewordene allein den Karren weiterziehen muß ...«[69] »Der Beginn der Rezeptionsgeschichte wirkte entscheidend auf die Textgeschichte zurück. Brecht erkannte an den **Reaktionen auf die Aufführung**, daß durch die Möglichkeit, sich ›von der dauerhaftigkeit und tragfähigkeit der gequälten kreatur (des ewigen muttertieres) erschüttern zu lassen‹ (AJ, S. 862) im Text ein Rezeptionsmuster angelegt war, das seinen Intentionen widersprach. Er änderte daraufhin einige Szenen, um den negativen Charakter der Courage zu unterstreichen (vgl. Mat. II, S. 26ff.).«[70]

Eine **deutsche Erstaufführung** wurde »im Juni **1946** im Rahmen der Kunst- und Kulturwochen in **Konstanz**«[71] gespielt. Neben diesen Aufführungen führt Werner Hecht eine Aufführung in Turku/Abo 1946 an.

Seit Ende 1948 beginnen die Proben für *Mutter Courage und ihre Kinder* am **Deutschen Theater Berlin**, im sowjetischen Sektor Berlin. »Die Arbeit mit den jungen und in der Brechtschen Spielweise nicht unerfahrenen Schauspielern verläuft erfolgreich und Brecht ist überglücklich und begeistert beteiligt. Erfolgreicher Premierentag ist der 11. Januar **1949**; die Presse, auch die im Westen und trotz ideologischer Vorbehalte, rühmt die Inszenierung.«[72] »Die erste Aufführung fand am 11. Januar 1949 statt, sie wurde eine Art Sensation.«[73] Die Kritik Paul Rillas in der *Berliner Zeitung* vom 13. Januar 1949 resümiert: »Ein Triumph der Dichtung. Ein Triumph der Aufführung in ihren wesentlichen Absichten. Bert Brecht mit seiner Gattin Helene Wei-

Deutsches Theater Berlin

gel, Erich Engel und das Ensemble müssen sich immer wieder dem Tumult des Beifalls stellen. Brechts Arbeit in Berlin und auf der führenden Berliner Bühne darf keine Episode bleiben.«[74] In die »zahlreichen positiven Stimmen über Mutter Courage und ihre Kinder« mischt sich »vor allem eine andere, die des Chefredakteurs der Zeitschrift *Theater der Zeit* Fritz Erpenbeck, der mit Lukácsschen Vokabeln ›trotz fortschrittlichen Wollens und höchsten formalen Könnens‹ eine ›volksfremde Dekadenz‹ ausmacht (6,396)«[75]. Die Rezeption der Berliner Premiere am 11. Januar 1949 steht unter dem Schatten der **Realismusdebatte**, in der Brecht die Gegenposition zu Georg Lukács, der für die Literatur »die möglichst getreue Abbildung der Wirklichkeit fordert«[76], bezogen hatte. Er «versuchte gerade mit seinem Theater Realismus weiter zu fassen, indem die Widersprüche der Wirklichkeit aufgezeigt werden und die Spuren der künstlerischen Bewältigung erhalten bleiben sollten« [77]. »Der Theaterkritiker Fritz Erpenbeck, einstiger Mitarbeiter von Lukács, bezieht in der *Weltbühne* dessen Standpunkt, wenn er das epische Theater als einen ›formalistischen Irrweg‹ verurteilt und Brecht jene Dekadenz vorwirft, die Lukács an der gesamten literarischen ›Avantgarde‹ kritisiert hatte. Ebenfalls in der *Weltbühne* hat Wolfgang Harich dieser Attacke vehement widersprochen und seinerseits Erpenbeck ›konservativen Formalismus‹ vorgehalten. Das führte zu einer lebhaften Auseinandersetzung, in der die Gegensätze nur mühsam verdeckt, die eigentlich fällige kulturpolitische Entscheidung jedoch nicht getroffen wurde. Brecht selbst hat sich an der Diskussion nicht beteiligt.«[78]

Realismusdebatte

Allein für den Zeitraum von **1949 bis 1966** verzeichnet Werner Hecht **175 Aufführungen**.[79] Brecht formuliert über den Erfolg des Stückes in Stellungnahmen zu Aufführungen der Mittfünfziger Jahre: »Der Erfolg des Stückes, d. h. der Eindruck, den das Stück machte, war zweifellos gross. Leute zeigten auf der Straße auf die Weigel und sagten: Die Courage. Aber ich glaube nicht und glaubte damals nicht, dass Berlin – und alle anderen Städte, die das Stück sahen – das Stück begriffen. Sie waren alle überzeugt, sie hätten gelernt aus dem Krieg; sie verstanden nicht, dass die Courage aus ihrem Krieg nichts gelernt haben sollte, nach der Meinung des Stückeschreibers. Sie sahen nicht, was der Stückeschreiber meinte: dass die Menschen aus dem Krieg nichts lernen. [...] Die Zuschauer des Jahres 49 und der folgenden Jahre sahen nicht die Verbrechen der Courage, ihr Mitmachen, ihr am Kriegsgeschäft mitverdienen wollen; sie sahen nur ihren Misserfolg, ihre Leiden. Und so sahen sie den Hitlerkrieg an, an dem sie mitgemacht hatten: Es war ein schlechter Krieg gewesen, und jetzt litten sie. Kurz, es war so, wie der Stückeschreiber ihnen prophezeit hatte. Der Krieg würde ihnen nicht nur Leiden bringen, sondern auch die Unfähigkeit, daraus zu lernen.«[80] »Es erschien Brecht erstaunlich, daß es vielen Nachkriegszuschauern schwerfällt, die Courage als *die Händlerin* zu erkennen. Sie sehen in ihr *den Menschen*, und da sie sich dann mit ihr identifizieren können, meinen sie: ›Sie kann nichts gegen den Krieg machen, wir alle können nichts gegen den Krieg machen. Das Schicksal ist eben so: der eine kommt durch, dem anderen nimmt er alles.‹ Diesen Wunsch, sich mit der Courage zu identifizieren, empfand Brecht als vollkommene Kleinbürgerlichkeit, Folge einer Gesellschaftsordnung, in der die ›natürliche‹ Lebensweise die Produktion und der Verkauf von Waren ist, in der die Kriege zum Wirtschaftssystem

Erfolg des Stückes

gehören, keine Absonderlichkeiten sind, sondern ›Fortsetzung der Geschäfte mit anderen Mitteln‹. Das Merkantile gehört da zum Wesen des Menschen. *Die Händlerin ist der Mensch.*«[81]

Gedruckt wurde Mutter Courage und ihre Kinder **1941 in englischer Sprache,**[82] die **deutsche Fassung** findet sich erstmals **1949** in Heft 9 der *Versuche*.[83] Im Anhang zur Erstpublikation von *Mutter Courage und ihre Kinder* (*Versuche*, Heft 9, Berlin 1949) bietet Brecht, um seine Darstellungsabsichten zu verdeutlichen, Szenenteile der ersten Fassung[84].

Verschiedene Fassungen

Neben dem Bühnenstück wurde eine **Verfilmung** von Mutter Courage **geplant**. Vier Fassungen der Drehbücher entstanden in den Jahren **1951 bis 1955**. »Der Film kam nicht zustande, weil die filmästhetischen Auffassungen Brechts und Staudtes [des Regisseurs] sich als unvereinbar erwiesen und weil die DEFA Bedingungen des Stückeschreibers nicht akzeptierte: die Dreharbeiten wurden 1955 abgebrochen. **1960** wurde dann die **Modellaufführung des Berliner Ensembles** von Peter Palitzsch und Manfred Wekwerth verfilmt.«[85]

Verfilmung

Festhalten lässt sich: »Brechts Stück *Mutter Courage und ihre Kinder* ist angesichts der vermehrten ›heißen‹ Kriege, die das Ende des ›Kalten Krieges‹ der großen Ost-West-Konfrontation hinterlassen hat, von unverminderter Heutigkeit. Es bedarf keiner äußerlichen Nachbesserung […].«[86]

9. Checkliste und weiterführende Aufgaben

Zur Inhaltsangabe

1. Trifft der im Folgenden wiedergegebene (möglicherweise fragmentarische) Prolog, den Brecht für eine Erstfassung schrieb und der späterhin nicht verwendet wurde, den Kern des Geschehens?

Der Ansager:
verehrtes Publikum, Sie sehen heut
eine finstere geschicht, liebe leut
erschrecket nicht, es handelt sich um krieg und zwar
um einen, der dauerte 30 jahr.
aber sie geht nicht über einen großen schlachten und
kriegshelden
sondern um leute, die gar nicht als kriegsleut gelten
nämlich um solche, die im tross dahinter bleiben
und nur im krieg ihr kleines geschäft betreiben.[87]

2. Formulieren Sie eine Ansage, die am Ende des Stückes hätte gehalten werden können.

Zu den Personen

1. Beurteilen Sie die folgende Einschätzung der Mutter Courage anlässlich der Züricher Uraufführung: »Mutter Courage selber wird also keineswegs nur in Verklärung beleuchtet. Sie ist in ihrer Derbheit ein warmblütiges Muttertier, das seine eigene Brut vor Gräuel und Kriegsdienst bewahren möchte – und ebenso eine Kriegslieferantin und ›Hyäne des Schlachtfelds‹, die selbst noch während des Standgerichts gegen den eigenen Sohn das Markten nicht vergißt und, um sich selbst zu retten, die Leiche des Sohnes verleugnet.«[88]

2. In der Urfassung, abgedruckt in Klaus-Detlef Müller (Hrsg.), S. 33 ff. lautet das »Lied vom Fraternisieren« noch ganz anders, es enthüllt die Liebesgeschichte der Yvette. Vergleichen Sie beide Fassungen.

Zum Werkaufbau

1. Verdeutlichen Sie den dramaturgischen Aufbau des Stückes, indem Sie die Fabel in wenigen aufeinander folgenden Punkten notieren. Die Untergliederung des Stückes durch Zwischenüberschriften könnte eine Hilfe sein.

2. Brecht selber hat die dramaturgische Kurve des Stückes, die Fabel, inhaltlich in Kürze in neun an einzelnen Szenen orientierten Punkten beschrieben, um »›Drehpunkte‹ des Geschehens sichtbar zu machen und durch ›Titel‹ für Szenen und Szenenteile die Bedeutung der Handlungsmomente episch zu fixieren.«[89] Vergleichen Sie ihre Skizze der Dramaturgie mit der »Dramaturgischen Kurve« Brechts (abgedruckt in: Klaus-Detlef Müller, Hrsg., S. 22–25).

Zur Interpretation

1. Verfolgen Sie einmal die merkantilen Werte durchs Stück hindurch: Wie teuer ist eine Gürtelschnalle, wie teuer ist der Sohn fürs Kriegsgeschäft, was kostet ein Kapaun, ein Ochse, für welches Geld könnte der Wagen der Marketenderin verkauft werden, wie hoch ist der Preis für Schweizerkas' Leben usw.?

2. Stellen Sie die unterschiedlichen Interessen der Figuren am Krieg dar.

3. Erläutern Sie den Befund von Walter Hinck, Mutter Courage sei zum »Drama des Mitläufers« geworden.[90]

4. Diskutieren Sie, inwiefern die Handlung deterministisch ist oder inwiefern sich Handlungsalternativen boten. Lässt sich diese Frage sinnvoll stellen?

5. Beurteilen Sie selber die Tat Kattrins am Ende des Stückes: »Auch der pathetische und heroische Schluß des Werkes, die Rettung Halles durch die stumme Kattrin, ändert am Ergebnis des Stückes nichts. Da alles Heldentum fragwürdig ist, muß auch diese Heldentat, mag man sie menschlich beurteilen, wie man will, auf ihren gesellschaftlichen Wert hin fragwürdig bleiben.«[91]

6. Brecht hat für das Lied des Soldaten (67) ursprünglich zwei weitere Varianten notiert (abgedruckt in: Klaus-Detlef Müller, Hrsg. S. 45 ff.). Diskutieren Sie die unterschiedlichen inhaltlichen und formalen Momente.

7. Stimmen Sie der Analyse des kreatürlichen Determinismus als Grundzug des Stückes zu? »[…] keine Wahl gehabt! Ja, das haben sie alle nicht in Brechts zoologischer Menschenwelt, wo nicht einmal eine fiktive Freiheit des Willens gilt. Man *muß* hier immer – das Gute und das Schlechte –

man *will* es nie. Man ist unfrei wie ein armes Tier. Der Koch weiß es in seinem Bettelgesang: daß Salomons Weisheit, Cäsars Kühnheit und Sokrates' Wahrheit zu nichts nütze sind. Man steht lediglich unter der Zwangsautorität des Magens, der Angst des Blutes, und so ist auch die elementare Güte und Natürlichkeit Courages als Mutter ihrer Kinder nicht als Moral, sondern aus jenem Trieb zu werten, aus dem sie ihre Brut empfangen hat aus aller Welt.«[92]

8. Stimmen Sie den verschiedenen Thesen in Brechts Notizen (*Arbeitsjournal*) vom 22. April 1941 zu?
»warum ist die Courage ein realistisches werk?
es bezieht für das volk den realistischen standpunkt gegenüber den ideologien: kriege sind für die völker katastrophen, nichts sonst, keine erhebungen und keine geschäfte.
es nimmt nicht den moralischen standpunkt ein, dh, es geht nicht aus von der momentan herrschenden moral, ist aber sittlich.
für die handlungen der personen sind motive angegeben, welche, erkannt und berücksichtigt, die behandlung von menschen erleichtern.
das werk arbeitet mit dem gegenwärtigen bewußtsein der mehrheit der menschen.«[93]

9. Können Sie folgender Kritik von S. Altmann an den »Widersprüchen in der Brechtschen Position« etwas entgegensetzen: »In *Mutter Courage* werden die Widersprüche in der Brechtschen Position deutlich sichtbar. Einerseits reißt Brecht der in der deutschen Literatur traditionellen Paradedarstellung des Krieges die Maske vom Gesicht: Der Krieg steht als ein furchtbares Unglück für das Volk da, er lastet ganz und gar auf den Schultern der kleinen Leute und verdammt sie zu Entbehrungen, Opfern und Verlusten. Mit großer Kraft und Wahrheitstreue hat Brecht die Zusammenhänge zwischen dem geschichtlichen Geschehen und dem Leben des Volkes aufgezeigt, aber das Volk wirkt bei ihm in der Geschichte andererseits nur spontan und unbewußt, und alle Aktivität des einzelnen gilt ihm als sinnlos und nicht zu rechtfertigen. [...] Und wenn Mutter Courage auch kein Wort spricht, wenn sie im letzten Akt, von Kummer und den vielen Opfern gebeugt, in stummer Einsamkeit ihren Wagen zieht, so sieht doch jeder, daß sich vor seinen Augen das Drama der großen Kapitulation des Volkes abspielt, welches sich kampflos dem angeblich unerbittlichen historischen Schicksal unterworfen hat.«[94]

10. Was halten Sie von folgender, von Käthe Rülicke klar auf den Punkt gebrachter Formulierung: »Brecht schuf mit der Courage eine Gestalt, die das Wesen der Klassengesellschaft in vollkommener Weise demonstriert: das Individuum steht in unversöhnlichem Gegensatz zur Gesellschaft, seine Interessen und die der Gesellschaft sind unvereinbar. Die Courage ist mit den Verhältnissen einverstanden, sie ist bereit mitzumachen, sie will das Beste aus ihnen herausholen. Aber eben diese Bereitwilligkeit, ihre Tüchtigkeit, ihre Fähigkeit, sich anzupassen, richten sie und ihre Kinder zugrunde. Die logische Konsequenz also: Das Mitmachen ist kritikbedürftig, zu verurteilen das Einverständnis, als zerstörend zu zeigen die Tüchtigkeit, die auf Kosten der Mütterlichkeit erkauft ist.«[95]

11. Kritisieren Sie Siegfried Unselds Beschreibung der Sprache des Stückes: »[...] vor allem aber die *Sprache*: ihre Einfachheit ist Siegel der Wahrheit, ihre zitierbare Sprichwörtlichkeit besitzt biblische Kraft; es ist die schlichte Schönheit dieser Sprache, die den Vorgang auf der Bühne in Distanz rückt, ihn fremd macht, damit der Zuschauer ihn kritisch betrachten kann; es ist die Sprache, die im Chaos Ordnung konstruiert und die bewirkt, daß eben durch seine dialektische Methode der Dichter Brecht über den Didaktiker Brecht triumphiert.«[96]

12. Wie stehen Sie zur folgenden Beschreibung der Sprache des Stückes?: »Diese Sprache ist, anders als die Handlungen, die gebunden sind, das Element der Freiheit in dem Stück. Nicht in dem, was ausgesprochen wird, da fehlen die weitreichenden Perspektiven, sondern darin, wie formuliert wird: der Witz, der schnelle, prägekräftige, packt die Realität an einer Erfahrung, fixiert sie, eilt zur nächsten, gegensätzlichen, und genießt den Widerspruch.«[97]

13. Überprüfen Sie an den einzelnen Songs, inwiefern sie, so Helmut Jendreiek, »verfremdungstechnisch die Basis für eine kritische Analyse des szenischen Vorgangs« bieten, »die zur Aufdeckung der in der Struktur des Vorgangs wirksamen sozialrevolutionären Ideen führt«[98]: »Die szenischen Vorgänge auf der Ebene des dramatischen Geschehens werden, mit Ausnahme der 5. und 11. Szene, unterbrochen durch Songs, die in den Vorgang eingreifen, ihn reflektorisch verallgemeinernd überhöhen, Widersprüche auf decken, den Zuschauer zum Widerspruch provozieren und den erkenntnistheoretischen Kern des Geschehens überzeitlich freilegen. Vorgetragen werden die Songs von personae dramatis, so daß sie an die historisch-gestische Relativität dieser Personen gebunden sind und sich selbst szenisch relativieren. Die Songs sind mit der Handlung verflochten, entwickeln sich aus ihr und wirken auf den Fortgang der Handlung ein, so daß sie Meinungen vortragen können, die den Absichten des Stücks zuwiderlaufen und das kritisch-korrigierende Eingreifen des Zuschauers herausfordern. Erst durch diese kritische Aktivität kann die von Brecht mit den Songs bezweckte Wirkung erzielt werden.«[99]

14. Erläutern Sie die im Folgenden am Beispiel geschilderte »Verfremdung« nochmals in eigenen Worten: »Selbst was wie die direkte sprachliche Mitteilung einer Einsicht erscheint, hat noch seine Widerhaken: etwa die Antwort auf die bewundernde Bemerkung des Feldpredigers: ›Ich verstehs, daß man Sie Courage geheißen hat.‹ ›Die armen Leut brauchen Courage‹, erwidert die Marketenderin und führt unter den Gründen auch diesen an: ›Sie müssen einander den Henker machen und sich gegenseitig abschlachten, wenn sie einander da ins Gesicht schaun wolln, das braucht wohl Courage‹ (1404) [69]. Eine bemerkenswerte Umleitung der Denkbewegung aus jener Richtung, die erwartet wird, findet statt, eine ›Verfremdung‹ also: mutfördernd nämlich ist nicht eigentlich das wechselseitige Sich-töten, die Selbstüberwindung, die ein völlig widernatürliches Handeln kostet, sondern das Bestehen-wollen der Menschen voreinander angesichts des Mißbrauchs, den sie mit sich treiben lassen. Die Aufmerksamkeit wird also von der Tat, von der physischen Aktion auf das Problem der sozialen Beziehung und Verantwortung umgelenkt.«[100]

Zu Leben und Werk Bertolt Brechts

Versuchen Sie, Bezüge zwischen Mutter Courage und anderen Stücken des epischen Theaters herzustellen, indem Sie sich ausführlicher über Leben und Werk Brechts informieren.

Zur Rezeption

1. Analysieren Sie die beiden Kritiken der Uraufführung von *Mutter Courage und ihre Kinder* von Bernhard Diebold und Elisabeth Thommen (abgedruckt in: Klaus-Detlef Müller, Hrsg., S. 53 ff. bzw. 58 f.), indem Sie sie auch vergleichen. Beziehen Sie die Kritiken dabei auf ihren historisch-politischen Hintergrund.
2. Formulieren Sie selber die Kritik einer (fiktiven?) Aufführung.

10. Lektüretipps

Zitierte Ausgabe

Bertolt Brecht: Mutter Courage und ihre Kinder. Eine Chronik aus dem Dreißigjährigen Krieg. Frankfurt a. M.: Suhrkamp, 1978. (es. 49.)

Die Lektüretipps beziehen sich auf die im *Lektüreschlüssel* zitierte Literatur.

Zum Autor

Berg, Günter / Wolfgang Jeske: Bertolt Brecht. Stuttgart/Weimar 1998. (Sammlung Metzler.)

Zum Stück

Hecht, Werner: Materialien zu Brechts *Mutter Courage und ihre Kinder*. Frankfurt a. M. 1982. [14. Auflage, [1]1964.]

Hinck, Walter: *Mutter Courage und ihre Kinder*. Ein kritisches Volksstück. In: Walter Hinderer (Hrsg.): Interpretationen: Brechts Dramen. Stuttgart 1995. S. 93–120.

Mayer, Hans: Bertolt Brecht oder Die plebejische Tradition. In: H. M.: Anmerkungen zu Brecht. Frankfurt a. M. 1965. S. 7–23.

Mennemeier, Franz Norbert: Brecht: *Mutter Courage und ihre Kinder*. In: Benno von Wiese (Hrsg.): Das deutsche Drama. Vom Barock bis zur Gegenwart. Interpretationen. Bd. 2. Düsseldorf 1964. S. 386–404.

Müller, Klaus-Detlef (Hrsg.): Brechts Mutter Courage und ihre Kinder. Frankfurt a. M. 1982. (suhrkamp taschenbuch materialien.)

Rülicke, Käthe: Einfühlung oder Kritik? Eine Anmerkung zu *Mutter Courage und ihre Kinder*. In: Werner Hecht: Materialien zu Brechts *Mutter Courage und ihre Kinder*. Frankfurt a. M. [14]1982. S. 129–135.

Unseld, Siegfried: Die Brechtsche Chronik des Krieges. In: Werner Hecht: Materialien zu Brechts *Mutter Courage und ihre Kinder*. Frankfurt a. M. [14]1982. S. 138–142.

Wölfel, Friedrich: Bertolt Brecht: Das Lied der Mutter Courage. In: Rupert Hirschenauer / Albrecht Weber (Hrsg.): Wege zum Gedicht II. Interpretation von Balladen. München/Zürich 1964. S. 537–549.

Zu Theorie und Werk

Grimm, Reinhold: Der katholische Einstein: Grundzüge der Brechtschen Dramen- und Theatertheorie. In: Walter Hinderer (Hrsg.): Interpretationen: Brechts Dramen. Stuttgart 1995. S. 11–33.

Hill, Claude: Bertolt Brecht. München 1978. [Zur *Courage*: S. 107–114.]

Mayer, Hans: Gelegenheitsdichtung des jungen Brecht. In: H. M.: Anmerkungen zu Brecht. Frankfurt a. M. 1965. S. 24–45.

Rischbieter, Henning: Bertolt Brecht. 2 Bde. München 1976.

Thole, Bernward: Die ›Gesänge‹ in den Stücken Bertolt Brechts. Zur Geschichte und Ästhetik des Liedes im Drama. Göppingen 1973.

Allgemeine Darstellungen

Beutin, Wolfgang [u. a.]: Deutsche Literaturgeschichte. Von den Anfängen bis zur Gegenwart. Stuttgart 1989.

Brauneck, Manfred (Hrsg.): Autorenlexikon deutschsprachiger Literatur des 20. Jahrhunderts. Hamburg 1995.

Anmerkungen

Zitate dienen nicht nur dem Nachweis des Angeführten, sondern haben zumeist auch die Aufgabe, selber Bestandteil des Haupttextes zu werden und Informationen zu bieten. Dementsprechend stammen Hervorhebungen (**Fettschrift**) in den Zitaten, die – wie auch sonst – einem schnelleren Textüberblick und einem besseren Textverständnis dienen, ebenfalls vom Verfasser.

1 Vgl. Klaus-Detlef Müller (Hrsg.), *Brechts Mutter Courage und ihre Kinder*, Frankfurt a. M. 1982, S. 50.
2 Fritz Erpenbeck, zitiert nach: Müller (Anm.1), S. 81.
3 Erpenbeck, zitiert nach: Müller (Anm. 1), S. 82.
4 Harald Engberg, zitiert nach: Müller (Anm. 1), S. 263.
5 Versammelt im Band *Theaterarbeit. 6 Aufführungen des Berliner Ensembles.* Passagen daraus sind in Müller (Anm. 1), S. 95ff. abgedruckt.
6 Zitiert nach: Müller (Anm. 1), S. 68.
7 Käthe Rülicke, »Einfühlung oder Kritik? Eine Anmerkung zu *Mutter Courage und ihre Kinder*«, in: Werner Hecht, *Materialien zu Brechts »Mutter Courage und ihre Kinder«*, Frankfurt a. M. 14 1982, S. 129.
8 Franz Norbert Mennemeier, »Brecht: *Mutter Courage und ihre Kinder*«, in: Benno von Wiese (Hrsg.), *Das deutsche Drama. Vom Barock bis zur Gegenwart. Interpretationen*, Bd. 2, Düsseldorf 1964, S. 401.
9 Siegfried Unseld, »Die Brechtsche Chronik des Krieges«, in: Werner Hecht, *Materialien zu Brechts »Mutter Courage und ihre Kinder«*, Frankfurt a. M. 14 1982, S. 144f.
10 Engberg, zitiert nach: Müller (Anm. 1), S. 269f.
11 Mennemeier (Anm. 8), S. 396.
12 Dieter Thiele, *Bertolt Brecht: »Mutter Courage und ihre Kinder«. Grundlagen und Gedanken zum Verständnis des Dramas.* Frankfurt a. M. / Berlin / München 1985, S. 47.
13 Thiele (Anm. 12), S. 48.
14 Vgl. auch Peter Kupke, »*Mutter Courage* 1978 wieder im Berliner Ensemble«, in: *Mutter Courage und ihre Kinder von Bertolt Brecht. Eine Dokumentation des Berliner Ensembles 1978,* S. 11; zitiert nach: Thiele (Anm. 12), S. 44.

15 Brecht über die Finnische Niobe, Müller (Anm. 1), S. 25.
16 Brecht zur dramaturgischen Kurve des Stücks, Müller (Anm. 1), S. 22.
17 Erpenbeck, zitiert nach: Müller (Anm. 1), S. 83.
18 Walter Hinck, »*Mutter Courage und ihre Kinder*. Ein kritisches Volksstück«, in: Walter Hinderer (Hrsg.), *Interpretationen: Brechts Dramen*, Stuttgart 1995, S. 110.
19 Thiele (Anm. 12), S. 57.
20 Unseld (Anm. 9), S. 139.
21 Zitiert nach: Müller (Anm. 1), S. 62.
22 Hinck (Anm. 18), S. 94.
23 Zitiert nach: Müller (Anm. 1), S. 67.
24 Engberg, zitiert nach: Müller (Anm. 1), S. 260.
25 Zitiert nach: Müller (Anm. 1), S. 68.
26 Unseld (Anm. 9), S. 138.
27 Müller (Anm. 1), S. 11.
28 Karl-Heinz Ludwig, zitiert nach: Müller (Anm. 1), S. 293.
29 Unseld (Anm. 9), S. 139.
30 Abgedruckt in: Müller (Anm. 1), S. 241.
31 Thiele (Anm. 12), S. 12.
32 Hinck (Anm. 18), S. 114.
33 Karl Brinkmann, *Erläuterungen zu Bertolt Brechts »Mutter Courage, Der kaukasische Kreidekreis«*, Hollfeld/Obfr. [o. J.], S. 20.
34 Jendreiek, zitiert nach: Müller (Anm. 1), S. 276.
35 Jendreiek, zitiert nach: Müller (Anm. 1), S. 276.
36 Friedrich Wölfel, »Bertolt Brecht. Das Lied der Mutter Courage«, in: Rupert Hirschenauer / Albrecht Weber (Hrsg.), *Wege zum Gedicht II. Interpretation von Balladen*. München/Zürich 1963, S. 537.
37 Jendreiek, zitiert nach: Müller (Anm. 1), S. 277.
38 Jendreiek, zitiert nach: Müller (Anm. 1), S. 278.
39 Thiele (Anm. 12), S. 26.
40 Mennemeier (Anm. 8), S. 393.
41 Bernward Thole, *Die ›Gesänge‹ in den Stücken Bertolt Brechts. Zur Geschichte und Ästhetik des Liedes im Drama*, Göppingen 1973, S. 152.
42 Mennemeier (Anm. 8), S. 394.
43 Jendreiek, zitiert nach: Müller (Anm. 1), S. 280.
44 Jendreiek, zitiert nach: Müller (Anm. 1), S. 281.

45 Jendreiek, zitiert nach: Müller (Anm. 1), S. 282.
46 Der Begriff von Jendreiek, zitiert nach: Müller (Anm. 1), S. 283.
47 Thole (Anm. 41), S. 149f.
48 Henning Rischbieter, *Bertolt Brecht* (Bd. 2, S. 23–24, 30f.), zitiert nach: Thiele (Anm. 12), S. 60f.
49 Claude Hill, *Bertolt Brecht*, München 1978, S. 150.
50 Reinhold Grimm, »Der katholische Einstein: Grundzüge der Brechtschen Dramen- und Theatertheorie«, in: Hinderer (Anm. 18), S. 16.
51 Grimm, in: Hinderer (Anm. 18), S. 30.
52 Brinkmann (Anm. 33), S. 10f.
53 Thiele (Anm. 12), S. 20.
54 Brinkmann (Anm. 33), S. 12.
55 Brinkmann. (Anm. 33), S. 13. Zitiert nach: Brinkmann, S. 14f. Die noch ausführlichere Gegenüberstellung findet sich in: Bertolt Brecht. *Schriften 4. Texte zu Stücken*. Große kommentierte Berliner und Frankfurter Ausgabe, hrsg. von Werner Hecht, Jan Knopf, Werner Mittenzwei, Klaus-Detlef Müller, Bd. 24, S. 78f.
56 Mennemeier (Anm. 8), S. 402.
57 So die Etappen des biographischen Abrisses von Günter Berg / Wolfgang Jeske, *Bertolt Brecht*, Stuttgart/Weimar 1998.
58 Vgl. ausführlicher Berg/Jeske (Anm. 57), S. 38.
59 Berg/Jeske (Anm. 57), S. 51.
60 Berg/Jeske (Anm. 57), S. 52.
61 Berg/Jeske (Anm. 57), S. 56.
62 Berg/Jeske (Anm. 57), S. 63.
63 Berg/Jeske (Anm. 57), S. 52.
64 Zitiert nach: Müller (Anm. 1), S. 53.
65 Zitiert nach: Müller (Anm. 1), S. 54.
66 Zitiert nach: Müller (Anm. 1), S. 54.
67 Zitiert nach: Müller (Anm. 1), S. 55.
68 Zitiert nach: Müller (Anm. 1), S. 58.
69 Zitiert nach: Müller (Anm. 1), S. 59.
70 Thiele (Anm. 12), S. 12.
71 Ludwig, zitiert nach: Müller (Anm. 1), S. 294. Vgl. auch Brinkmann (Anm. 33), S. 19.
72 Berg/Jeske (Anm. 57), S. 54.
73 Brinkmann (Anm. 33), S. 19.
74 Zitiert nach: Müller (Anm. 1), S. 78.
75 Berg/Jeske (Anm. 57), S. 54.

76 Thiele (Anm. 12), S. 49.
77 Thiele (Anm. 12), S. 49.
78 Müller (Anm. 1), S. 70.
79 Hecht (Anm. 9), S. 172, bzw. 172ff.
80 Zitiert nach: Müller (Anm. 1), S. 248.
81 Rülicke (Anm. 7), S. 134.
82 Hecht (Anm. 9), S. 166.
83 Hecht (Anm. 9), S. 166.
84 Müller (Anm. 1), S. 26; die Szenen sind auch abgedruckt in: Müller (Anm. 1), S. 29.
85 Müller (Anm. 1), S. 251.
86 Hinck (Anm. 18), S. 93.
87 Müller (Anm. 1), S. 47.
88 Bernard Diebold, zitiert nach: Müller (Anm. 1), S. 54.
89 Müller (Anm. 1), S. 21.
90 Hinck (Anm. 18), S. 95.
91 Brinkmann (Anm. 33), S. 54.
92 Diebold, zitiert nach: Müller (Anm. 1), S. 55.
93 Zitiert nach: Müller (Anm. 1), S. 63.
94 S. Altmann, zitiert nach: Müller (Anm. 1), S. 87.
95 Rülicke (Anm. 7), S. 130.
96 Unseld (Anm. 9), S. 139.
97 Rischbieter, *Bertolt Brecht* (Bd. 2, S. 29), zitiert nach: Thiele (Anm. 12), S. 52.
98 Jendreiek, zitiert nach: Müller (Anm. 1), S. 284.
99 Jendreiek, zitiert nach: Müller (Anm. 1), S. 275f.
100 Hinck (Anm. 18), S. 100.

Raum für Notizen